John Armstrong

John Armstrong, philosophe anglais, est le conseiller supérieur du vice-chancelier de la *Melbourne Business School*. Il est l'auteur de nombreux livres sur l'art, l'esthétique et la philosophie.

Retrouvez toute l'actualité de l'auteur sur :
www.johnarmstrong.com

THE SCHOOL OF LIFE

The School of Life est le nom d'une nouvelle école qui s'emploie à étudier les grandes questions que nous sommes amenés à nous poser au cours de notre existence : Comment utiliser au mieux nos capacités ? Peut-on s'épanouir au travail ? Est-ce que l'amitié peut durer éternellement ?
The School of Life propose moins des réponses définitives que des pistes de réflexion – de la philosophie à la littérature, en passant par la psychologie et l'art graphique – qui sont à même de stimuler, susciter, nourrir ou conforter votre vision du monde.

Rendez votre quotidien intelligent

DANS LA MÊME COLLECTION
CHEZ POCKET

COMMENT APPRIVOISER L'ARGENT
de John Armstrong

COMMENT MIEUX PENSER AU SEXE
d'Alain de Botton

COMMENT CHANGER ENFIN LE MONDE
de John-Paul Flintoff

Comment apprivoiser l'argent

John Armstrong

Comment apprivoiser l'argent

Traduit de l'anglais (Grande Bretagne)
par Joëlle Touati

POCKET

Titre original :
How to Worry less about money

ISBN : 978-2-266-24788-7

I. INTRODUCTION

Nous parlerons ici de *soucis* et non de *problèmes* d'argent. La différence est fondamentale.

Les problèmes sont urgents. Ils demandent une action directe. « *Je ne sais pas comment je vais payer l'assurance de ma voiture ; je suis constamment à découvert, je n'arrive pas à me remettre à flot ; mon fils de quatorze ans a des difficultés scolaires, j'aimerais l'envoyer dans un établissement privé mais je n'en ai pas les moyens.* »

Il n'y a que deux manières de les résoudre : accroître sa réserve de fonds – en allégeant ses dettes, en gagnant plus ou en dépensant moins –, ou bien renoncer à certaines dépenses.

Par contraste, les soucis en disent souvent plus long sur un état d'esprit que sur un état de fait.

Ils révèlent davantage ce qui se passe dans notre tête que sur notre compte en banque. Ils ne portent pas nécessairement sur le présent : « *Je crains d'avoir commis une grave erreur financière il y a quinze ans. J'ai peur que mes enfants, une fois adultes, n'aient pas de revenus suffisants.* » Liés à l'imaginaire et à l'affectif, les soucis ne découlent pas seulement d'une situation donnée à un moment précis.

Par conséquent, on ne les réglera pas comme les problèmes d'argent. Pour y remédier, il faut examiner la façon de penser – l'idéologie – et l'échelle de valeurs – la culture – présidant à notre existence individuelle, privée.

Généralement, les conseils financiers répondent à la question : *Comment me procurer plus d'argent ?* Ils consistent en diverses suggestions et recommandations pour augmenter sa richesse : se constituer un patrimoine, trouver un emploi mieux rémunéré, épouser un bon parti. Ce qui présuppose que l'on sache au préalable combien d'argent nous est nécessaire (« *Plus ! Toujours plus !* ») et pour quoi faire (« *Ça vous regarde ?* »). En principe, avant de chercher à se procurer plus d'argent, il faudrait donc déterminer le montant requis et les fins auxquelles nous le destinons.

Mais on peut aussi se demander : *Comment se contenter de moins ?* Les astuces pour économiser ne manquent pas : payer ses achats comptant et non à crédit ; se forcer à noter toutes ses dépenses ; baisser le chauffage et s'habiller plus chaudement ; profiter des offres de réduction. Il existe quantité de stratégies efficaces, si tant est que l'on soit résolu à dépenser moins. La question primordiale reste toutefois en suspens : *Pour quoi exactement ai-je besoin d'argent ?* Ou autrement formulé : *Quel est le lien entre l'argent et la qualité de vie ?*

En fait, nous avons tendance à aborder la réflexion sous l'angle des *problèmes* et non des *soucis*. Et c'est là que le bât blesse car l'argent a sur nous des impacts diffus et profonds. Nous sommes engagés avec lui dans une relation de toute une vie ; il colore le sens de notre identité, façonne notre attitude envers les autres, rapproche et divise les générations ; l'argent est le terreau de la cupidité et de la générosité, l'arène de la sagesse et des folies. Liberté, désir, pouvoir, statut, travail, possession : ces grandes idées qui gouvernent l'existence sont presque toujours conditionnées par l'argent.

Dans la philosophie de l'enseignement, une distinction capitale est faite entre formation et éducation. Le but d'une formation est d'apprendre à effectuer une tâche spécifique avec un maximum d'efficacité et de rigueur. L'éducation vise quant à elle à ouvrir et enrichir l'esprit. On peut former quelqu'un sans rien connaître de sa personnalité ni de ses affinités. L'éducation appréhende au contraire l'individu dans sa globalité. Traditionnellement, l'argent est enseigné dans le cadre de formations, alors qu'il devrait donner lieu à une éducation au sens large et noble du terme.

Les rapports que nous entretenons avec l'argent s'ancrent dans nos conceptions les plus vastes et les moins explicites – celles de la condition humaine, du sens de la vie, de l'univers et de ses fins. Ils sont soumis à l'influence, positive ou négative, d'un ensemble de notions qui les dépassent.

Karl Marx, par exemple, soutenait que l'argent est le rouage d'un système profondément injuste, qu'il dessert fondamentalement riches et pauvres, qu'il n'est possible de s'en affranchir qu'en rejetant le système tout entier, en sortant de l'engrenage, par la révolution. Selon cette conception, l'argent exerce sur le monde une domination aliénante.

Les libéralistes de l'École de Chicago affirment de leur côté que l'argent est un moyen d'échange neutre, un instrument permettant de rationaliser les interactions entre les individus, afin de maximiser l'utilité de chacun. Selon cette théorie, l'argent est donc inoffensif. Tout vice que l'on serait tenté de lui imputer résulte en fait d'un défaut de rationalité. Chacun crée librement sa situation économique.

Ce sont là bien sûr de grandes doctrines intellectuelles, et rares sont ceux qui vivent en adéquation avec des thèses aussi précises et élaborées. Néanmoins, nous avons tous une sorte de schéma directeur, plus vague, plus poétique ou plus terre à terre, une vision de l'existence et du monde qui se répercute sur notre rapport à l'argent. Peu importe que l'on soit pour ou contre les préceptes de Marx ou des partisans du libéralisme économique. Mais leurs points de vue peuvent servir de base à une réflexion personnelle : quelle est, véritablement, ma théorie à moi de l'argent ? Et c'est l'une des ambitions majeures de cet ouvrage : nous inciter à nous interroger sur notre conception de l'argent et sur son rôle dans notre vie.

II. L'ARGENT DANS NOS PENSÉES

I. À QUOI CORRESPONDENT VRAIMENT LES SOUCIS D'ARGENT ?

Ils peuvent se répartir en quatre grandes catégories.

1. *Sans argent, je vivrais un calvaire.* Je me sentirais humilié, rabaissé à un statut inférieur, parce que je n'aurais pas les moyens d'assurer ma sécurité.

2. *Je consacre une grande partie de mon existence à gagner juste de quoi m'en sortir.* Ce n'est pas un gâchis total mais je ne suis pas épanoui. Je passe trop de temps à penser à mes crédits et à mes frais, au détriment de choses fondamentalement plus importantes. Du reste, l'argent est extrêmement volatil. J'aurais beau épargner, mes économies risqueraient de partir en fumée du jour au lendemain à cause d'une fluctuation du marché.

3. *Je n'aurai jamais ce à quoi j'aspire.* Je n'habiterai jamais dans une jolie maison, je ne conduirai jamais une belle voiture, je ne pourrai jamais m'offrir de fabuleuses vacances, je ne connaîtrai jamais le confort et le bien-être que procure la sécurité financière. Tout cela me met en colère contre moi-même et contre le monde. J'ai peur de rater ma vie faute d'avoir su générer des ressources.

4. *L'argent est pareil à un virus.* Pour l'argent, les gens sont prêts à tout. L'argent semble régi par une logique indifférente au mérite, à la souffrance et à la justice. C'est en quelque sorte le hasard, arbitrairement, qui fait que les uns en sont réduits à mendier quand les autres manipulent des sommes

faramineuses. Le système est trop puissant. Ni moi ni personne ne pouvons le changer.

Si nous voulons remédier à nos soucis, nous devons commencer par les analyser. D'où viennent-ils ? Que cachent-ils ? Quel est leur véritable objet ? On ne peut avancer dans la vie qu'en transformant ses angoisses en questions précises. À condition, bien sûr, de formuler les bonnes questions.

L'argent est source d'inquiétude parce que nous avons du mal à apporter des réponses claires à ces questions cruciales :

1. Pourquoi ai-je besoin d'argent ? Autrement dit, qu'y a-t-il d'important à mes yeux ?

2. De combien d'argent ai-je besoin pour cela ?

3. Quel est le meilleur moyen de me procurer cet argent ?

4. Quelles sont mes responsabilités économiques envers les autres ?

Ces questions ont un rapport direct avec les soucis évoqués plus haut. Ce sont des questions sérieuses, qui ont des réponses concrètes.

Nous avons naturellement tendance à ressasser nos tracas, à tourner en rond, pour ainsi dire, sans que cela ne nous mène nulle part :

Il serait préférable de se focaliser sur chacun d'eux, de façon à les appréhender sous forme de questions précises :

Il peut paraître prétentieux d'insister sur ce point ; néanmoins, il s'agit d'un principe essentiel. Nous n'évoluerons jamais dans notre rapport à l'argent si nous ne prenons pas conscience des questions qui sont à l'origine de nos tourments.

Ces questions portent sur nos valeurs, notre mode de vie et notre conception de l'existence. Nos soucis financiers relèvent autant de la psychologie que de l'économie, de l'âme que de l'état de nos finances.

La première étape consiste donc à identifier nos soucis d'argent et à remonter jusqu'à la question qui les sous-tend. Il est fort probable que, de prime abord, ils aient un caractère insaisissable. Bien souvent, je ne sais pas vraiment pourquoi je suis inquiet. Non pas que mes angoisses n'aient pas de causes. Seulement, je n'arrive pas à les cerner très clairement.

Ma voiture, par exemple, éveille en moi des incertitudes de nature financière. Je l'ai depuis dix ans ; il y a quelques petites bricoles qui clochent. Elle émet de drôles de bruits ; les essuie-glaces sont un peu branlants ; j'ai perdu les enjoliveurs. La propreté intérieure laisse à désirer. En faisant une marche arrière dans un parking souterrain, j'ai rayé une portière. Toujours est-il qu'elle roule et qu'elle est fiable. De toute façon, je ne peux pas me permettre d'en changer.

Il n'empêche qu'une partie de mon cerveau me dit que ce n'est pas le véhicule que je suis censé avoir. J'imagine quelque chose de plus rutilant, plus beau, plus haut de gamme. Lorsque je me gare devant le tennis-club, je suis soulagé s'il y a d'autres voitures modestes, et contrarié (j'ai honte de l'avouer mais c'est la vérité) par la vue de voitures plus luxueuses.

Ma voiture me dérange parce que je sais que je n'ai pas d'autre choix que de m'en contenter ; je ne peux pas m'offrir mieux ; je n'aurai jamais les moyens d'en être fier.

Quand je regarde ma voiture, j'éprouve des inquiétudes financières – mais quelle est la cause de cette anxiété ?

En réalité, cette inquiétude n'a pas grand-chose à voir avec mon véhicule, mais plutôt avec ma représentation des relations sociales. Alors pourquoi exactement suis-je si inquiet ? Il s'avère, à la réflexion, que je crains de ne pas prendre suffisamment soin de mes affaires. Si j'avais mieux entretenu ma voiture, elle serait sûrement en meilleur état, et je me ficherais qu'elle ait dix ans et qu'elle soit d'un modèle ordinaire. Quand je la regarde (j'en suis maintenant conscient), je vois les conséquences d'une certaine négligence – je remets sans cesse les petites réparations à plus tard, je ne nettoie jamais la banquette arrière, etc. C'est mon caractère qui m'inquiète. Et quand bien même j'achèterais une voiture neuve – ce qui grèverait lourdement mon budget –, je ne la bichonnerais pas davantage. Au fond, si j'ai envie d'une nouvelle voiture, c'est parce que je désire prendre un nouveau départ : avec la prochaine, me dis-je secrètement, je serai plus soigneux. Pur fantasme. Je ne l'ai jamais été. Pourquoi le deviendrais-je tout d'un coup ?

Que « l'objet » de nos soucis soit loin d'être évident constitue l'une des raisons pour lesquelles nous devons nous garder de toute solution hâtive.

Prenons un autre exemple : un grand hôtel de Venise, très chic et très cher. Chaque fois que j'y pense, je me sens frustré et déprimé. Je songe avec dégoût à mon maigre compte en banque. Je ne pourrai jamais descendre dans cet hôtel. Bien sûr, il y a des millions de choses que je ne pourrai jamais m'offrir, des millions d'hôtels hors de prix où je ne mettrai jamais les pieds. Pourquoi cette fixation sur celui-ci ?

J'ai fini par comprendre que je l'associe à des personnalités historiques que j'admire. John Ruskin y a je crois séjourné. Ainsi que, j'en suis presque sûr, l'écrivain Cyril Connolly et l'historien Kenneth Clark. À mes yeux, cet hôtel signifie : tu pourrais être comme eux – bien que, à la lumière du jour, cette idée paraisse stupide. Dormir dans ce palace ne fera pas de moi un illustre personnage. Le malaise qu'il suscite chez moi n'est pas lié à l'argent mais plutôt, face à ces hommes qui me fascinent, à la crainte de manquer de volonté et de courage. Une angoisse qui mérite d'être creusée ; à laquelle un hôtel de luxe, de toute façon, ne saurait apporter de réponse.

Je redoute aussi que mes enfants, lorsqu'ils seront adultes, n'aient pas de revenus suffisants. Je cherche des solutions d'épargne afin de les préserver du besoin. Si je mets chaque semaine une petite somme de côté, combien aura-t-elle produit d'intérêts d'ici cinquante ans ? (L'échéance est à l'évidence trop lointaine pour que l'on puisse faire des prévisions.) Mes soucis portent en réalité sur la capacité de mes enfants à s'assumer et sur le caractère incertain de l'avenir. Peut-être n'attacheront-ils pas d'importance aux mêmes choses que moi. Je m'aperçois que j'ai un mal fou à les imaginer adultes. Comment cette fillette qui joue dans le bac à sable pourrait-elle gagner sa vie ? Mes angoisses sont d'ordre existentiel : mes enfants grandiront, ils deviendront seuls juges d'eux-mêmes, ils se sépareront de moi.

Nous sommes souvent en peine de définir le problème auquel nous cherchons une solution. Clairement, les tracas que j'ai évoqués ici ne sont qu'en partie liés à l'argent. Ils traduisent aussi un désir d'être aimé, mes craintes pour l'avenir de mes enfants, mes espoirs secrets d'épanouissement et d'accomplissement, mes doutes quant à la cohérence de ma vie. Bien sûr, ce ne sont là que de vagues points de départ. Et l'on serait tenté de ne pas chercher à percer la nébuleuse qui les entoure. Or c'est justement *parce qu*'ils sont flous qu'il nous faut y apporter une attention particulière.

II. UNE RELATION SAINE AVEC L'ARGENT

Un couple au sein duquel règne la bonne entente se caractérise, entre autres, par une juste reconnaissance des responsabilités de chacun. Quand quelque chose ne va pas, vous savez quels sont vos torts et quels sont ceux de votre partenaire. Idem lorsque tout va bien : vous savez en quoi l'un et l'autre y ont contribué.

Ce schéma s'applique à l'argent. Que votre situation financière soit bonne ou mauvaise, elle dépend en partie de vous et en partie de l'état de vos finances.

L'argent procure un certain pouvoir d'achat. De votre côté, vous apportez dans la relation votre imagination, vos valeurs, vos émotions, vos attitudes, vos ambitions, vos peurs, vos souvenirs. Ce rapport ne repose pas uniquement sur des données purement économiques, c'est-à-dire sur ce dont vous disposez et ce que vous dépensez.

Peu importe combien d'argent vous possédez, ce n'est pas en réfléchissant en termes de *quantité* – comment en avoir plus ou comment se contenter de moins – que vous parviendrez à l'équilibre recherché. La clé de l'harmonie se trouve dans les sentiments que vous inspire l'argent.

Ils contemplent le mystère de l'existence – l'argent est à mille lieues de leurs pensées.
Lever de Lune sur la Mer, Caspar David Friedrich, 1822

Elle contemple le mystère de l'existence – l'argent accapare son esprit tout entier.

L'argent peut constituer un véritable obstacle à ce qu'on attend de la vie. Parfois, on a l'impression qu'il est synonyme de bonheur ; parfois, qu'il l'entrave. Je viens de recevoir une grosse note d'électricité, je dois régler l'assurance de la maison et subir d'onéreux soins dentaires. Quand j'aurai tout payé, il ne me restera plus rien. Et c'est toujours la même histoire. Ne pourrai-je donc jamais aller voir ma sœur qui habite à l'étranger ? Installerons-nous un jour cette nouvelle cuisine qui nous simplifierait tellement la vie ?

L'argent joue dans la vie privée et collective un rôle majeur qu'on ne peut ignorer. Nos difficultés financières sont comparables à certaines des grandes tragédies morales antiques, même si, dans notre imaginaire culturel, celles-ci semblent plus nobles que les petits tracas du quotidien. Prenons, par exemple, le combat entre foi et raison, ou la dichotomie entre besoins individuels et nécessités d'État.

L'*Antigone* de Sophocle traite du conflit entre vie privée et devoir envers la société. Antigone, l'héroïne de la pièce, place sa loyauté envers son frère – qui est un traître –, au-dessus de sa loyauté à la patrie. A-t-elle raison, alors que la cité est en grand danger ?

L'œuvre est intéressante en cela qu'elle permet au spectateur de voir le bien-fondé des deux versants de ce tragique dilemme, de ressentir la force et la légitimité des arguments de chacun.

De la même manière, l'argent peut créer dans notre vie de cruels tiraillements. Vous avez peut-être grandi (comme moi) dans un environnement austère, en aspirant à gagner suffisamment d'argent pour vous en échapper. Mais aujourd'hui, vous avez le sentiment de renier vos racines. Ou bien, afin de subsister dans un monde de requins, vous ne voyez pas d'autre solution que de sacrifier ce à quoi vous auriez aimé vous consacrer, par exemple votre famille, vos talents créatifs, votre aspiration à changer le monde ou simplement à cultiver votre jardin.

Nous devons essayer de parvenir à un compromis, de trouver un juste équilibre entre les extrêmes, de façon à éviter la tragédie. Si on se contente de prendre le parti d'Antigone, on passe à côté du propos de la pièce ; de même, il n'est pas pertinent de diaboliser l'argent. Certes, il peut être diabolique, par certains aspects, mais il peut aussi avoir du bon.

Avec *Antigone*, Sophocle a voulu montrer à ses contemporains la profondeur et le poids de certains conflits. Les tensions, les incertitudes et les ambiguïtés de notre relation à l'argent font partie de la vie et ne doivent pas nous empêcher de vivre. Digérer nos déceptions, prendre des décisions difficiles et définir des priorités, devenir indépendant, surmonter l'adversité, préférer un bénéfice à long terme à un plaisir immédiat : tout cela constitue les attributs de la maturité, et non de malheureux détours imposés par l'argent.

L'angoisse est inévitable. L'argent tient une telle place dans notre vie que *nous ne pouvons pas faire autrement* que de nous en préoccuper. Le but n'est pas de l'ignorer. (Même si l'un de mes collègues affirme que c'est ce qu'il voudrait : « *J'aimerais ne plus du tout penser à l'argent ; avec deux ou trois millions en banque, ce serait possible.* »)

Ne cherchons pas à esquiver les aspects douloureux, incertains et difficiles de notre relation individuelle et collective à la richesse et à la pauvreté. Se faire du souci, c'est faire un effort mental : dans l'idéal, les soucis devraient être constructifs. La vocation de la vie adulte, pourrait-on dire, est de se faire du souci à bon escient. Nous nous soucions des choses que nous jugeons importantes, auxquelles nous tenons. Alors : *combien* de place l'argent doit-il occuper dans nos pensées ? En quels termes y penser ? Pour quelles raisons ? Doit-on en avoir peur ? La connaissance de soi, la maîtrise et le courage – les véritables antidotes à la peur – n'éliminent pas le danger. Ce sont nos atouts pour vivre une vie épanouie, *en dépit* de l'existence du danger.

N'est pas courageux celui qui ne voit pas la menace, mais celui qui, parfaitement conscient des risques, au lieu de perdre ses moyens et de céder à l'inertie, les affronte avec détermination et assurance.

En tant qu'individus, nous avons la possibilité de changer ce que nous mettons dans notre rapport à l'argent. Ne feignons pas d'être *indifférent* à l'argent ; au contraire, essayons d'avoir avec lui un rapport intelligent. Au fil des pages qui suivent, c'est de cela qu'il sera question : comment mettre notre imagination, notre connaissance de nous-même, notre maturité affective ainsi que nos grandes idées de la vie et de la société au service de notre relation à l'argent.

III. LE SENS CACHÉ DE L'ARGENT

I. QUAND L'ARGENT N'EST PAS QUE DE L'ARGENT

Bagage affectif, complexes et obsessions peuvent causer des problèmes dans tout type de relation, et donc perturber notre rapport à l'argent. Du reste, nous n'avons pas forcément conscience de ce que l'argent représente au plus profond de notre imaginaire. Il peut exprimer le statut, la sécurité, le succès, la revanche, le salut, la supériorité morale ou la culpabilité (pour ne dresser qu'une ébauche de liste), autant de thèmes majeurs de la vie qui influent sur notre relation à l'argent, de façon parfois dommageable.

Afin de mieux cerner ces incidences, examinons différents portraits de personnes que je connais bien.

1. Eddie

Pendant des années, Eddie a répété qu'avec un peu plus d'aisance financière, son couple se porterait mieux. Il pensait que s'ils avaient les moyens d'aller au restaurant une fois par semaine, et de payer une baby-sitter, sa femme et lui auraient de vraies conversations et retrouveraient ainsi leur complicité. En outre, cela stimulerait leur vie sexuelle. Peu à peu, leurs revenus ont augmenté et aujourd'hui, ils auraient les moyens de sortir. Or ils ne le font pas.

Le problème n'est pas et n'a jamais été qu'une simple question d'argent – bien qu'Eddie en soit toujours persuadé. Récemment, je l'ai entendu dire que s'ils pouvaient s'installer dans une maison plus grande, et considérablement plus chère, *alors* ils auraient une meilleure image l'un de l'autre, envie de sortir ensemble, et tout s'arrangerait.

Pour Eddie, l'argent recèle une *signification cachée*. C'est la potion magique contre la mésentente conjugale. Dans sa tête, l'argent est une sorte d'aphrodisiaque. Cette fausse équation dérive d'un vécu personnel. Quand il était petit, Eddie détestait que ses parents sortent dîner. Un jour, alors que sa mère venait de se mettre en tenue de soirée, il lui a vomi dessus, malade à la pensée de rester avec la nounou pendant que ses parents allaient s'amuser sans lui. Enfant, il associait par ailleurs sa mère « bien habillée » à « beaucoup d'argent ». Cette corrélation s'est gravée dans son imaginaire : argent = adultes s'offrant du bon temps ensemble. Si bien qu'aujourd'hui, il pense qu'il lui faudrait *plus d'argent* pour raviver la flamme de son couple.

Eddie attend de l'argent quelque chose d'impossible. Il veut résoudre un problème affectif avec une solution financière, mais il n'en a pas conscience. Certes, l'argent est souvent à l'origine des discordes conjugales. On est stressé parce qu'on a contracté des dettes qu'on ne peut pas rembourser (c'est en fait ce qui a conduit les parents d'Eddie au divorce). De part et d'autre, on est inquiet, irritable ; on se dispute. Plus d'aisance, se dit-on, contribuerait à une meilleure entente, car le problème, initialement, est un problème matériel.

Nous avons donc dans l'idée que l'argent peut apaiser les tensions au sein du couple. Seulement, Eddie n'entre pas dans ce cas de figure. Il est confronté à un problème conjugal qu'il considère, en raison de son expérience personnelle, comme un problème financier.

II. James

Patron de plusieurs agences immobilières et diverses autres affaires, James s'est constitué en trente ans un solide capital. Il compte parmi les mille plus grosses fortunes du Royaume-Uni. Il vit toutefois dans la hantise de tout perdre et de sombrer dans la misère.

Il y a pourtant peu de risques. Il possède des terrains, des immeubles, des voitures, des chevaux, des meubles de prix. Il a un portefeuille boursier sûr. Il a placé de l'argent sur des fonds pour sa famille et souscrit plusieurs contrats d'assurance-vie. Ses affaires tournent quasiment sans lui et il est peu probable qu'elles périclitent. Ses craintes sont irrationnelles mais elles n'en sont pas moins un énorme poids émotionnel.

Parce que James a l'impression d'avoir des problèmes d'argent, il estime en toute honnêteté ne pas en avoir assez. Il regarde la situation de ses comptes avec anxiété. Il doit d'urgence engranger davantage.

Prendre des mesures financières ne résoudra sûrement pas ses tourments. Si un petit château en Écosse, un manoir dans le Lake District, une maison dans le quartier de New Town à Édimbourg ainsi que toutes ses actions et placements ne lui procurent pas la sécurité, on peut supposer que de telles mesures ne le rassureront en rien. Ses soucis ne sont pas d'ordre économique. Il est le seul à le croire.

Pour soulager ses peurs, il devrait s'ouvrir à des horizons plus souriants, se tourner vers l'art, peut-être, ou la religion, ou encore s'investir davantage dans sa famille. Mais comme

James est obsédé par ses finances, il n'oriente pas son intelligence affamée dans ces directions.

Dans son esprit, l'argent est pareil à une mère indigne, capable à tout moment d'abandonner son enfant. De ce fait, il ne peut pas compter dessus pour calmer ses angoisses. Il a beau en accumuler, son anxiété ne diminue pas.

James est pris au piège. Une moitié de son cerveau lui assure que l'argent est gage de sécurité, tandis que l'autre argue qu'on ne peut s'y fier.

S'il veut améliorer sa relation à l'argent, James doit s'engager dans une démarche sans lien, de prime abord, avec sa vie économique. Il doit affronter les démons intérieurs de son insécurité.

III. Petra

Aussi loin qu'elle se souvienne, Petra a toujours eu le sentiment d'une profonde rivalité avec sa cousine Simone. Bien que, depuis cinq ans, elles n'entretiennent plus guère de contacts, Petra continue à se juger en se comparant. Par des connaissances communes, elle a appris que Simone avait eu une belle opportunité de carrière. Cette nouvelle l'a contrariée, en partie parce que, depuis un certain nombre d'années, elle avait un niveau de vie plus élevé que sa cousine. Lorsque Simone a repris ses études de droit, Petra avait une bonne situation, un bel appartement et faisait de grands voyages. Inconsciemment, Petra s'est forgé la certitude que sa supériorité matérielle était la preuve de sa supériorité générale sur Simone, qu'elle était plus intelligente, plus sympathique, plus jolie, plus réaliste, qu'elle méritait davantage de vivre bien.

L'attitude de Petra envers l'argent étonne ses amis. Fonctionnaire à un échelon assez élevé, elle touche un salaire trois fois supérieur à la moyenne nationale. Elle est célibataire, avec un fils âgé de vingt ans. Petra n'est toutefois pas satisfaite de son lot. Elle déteste son appartement (ses amis trouvent pourtant qu'elle l'a aménagé avec un goût admirable). Elle éprouve un sentiment d'échec. Elle rêve sans cesse à ce qu'elle ferait *si seulement elle avait plus d'argent.*

Dans l'imagination de Petra, l'argent est le terrain sur lequel elle est en compétition avec sa cousine. Combien lui en faudrait-il ? « *Plus que Simone.* » Telle est, secrètement, la seule réponse qu'elle puisse admettre.

IV. Angela

Quand il arrive qu'Angela soit un peu large financièrement, cela ne dure pas.

Il y a deux ou trois ans, l'une de ses grand-tantes paternelles est décédée en lui laissant 20 000 £. Elle a tout dépensé. Elle s'est offert un voyage en Italie. Elle en a investi une partie dans un projet d'élevage de kangourous qui s'est révélé n'être qu'une grossière arnaque. Elle a fait don de 2 000 £ à un foyer d'accueil pour femmes en détresse. Pendant un temps, elle a pris sans arrêt le taxi. Elle a suivi une psychothérapie, qui ne lui a pas apporté grand-chose. Elle a acheté une ravissante petite console en noyer début XVIIIe siècle – incongrue dans la maison qu'elle partage en colocation, mais c'est la seule chose qui lui reste de son héritage.

Lorsque Angela a des fins de mois difficiles, elle songe avec horreur à la façon dont elle a dilapidé son magot. Pourquoi ne l'a-t-elle pas placé à la banque ?

Du reste, elle est frustrée par sa carrière professionnelle. Formatrice de professeurs d'anglais langue étrangère, elle n'aime plus son métier mais ne parvient pas à savoir ce qu'elle aimerait vraiment faire. Elle rêve de travailler pour un prestigieux cabinet de conseil à Copenhague, dont elle a entendu parler, spécialisé dans la philosophie d'entreprise : une fusion, à ses yeux, entre la Factory d'Andy Warhol et le Boston Consulting Group. Elle n'a toutefois guère d'espoir d'y être embauchée. Elle prépare à temps partiel un Master d'Éthique Appliquée – pour être honnête, elle n'est pas brillante.

Aussi bizarre que cela puisse paraître, Angela a peur d'être à l'aise matériellement. Elle dit qu'elle voudrait gagner plus et économiser davantage ; elle en a marre d'être toujours endettée. Dans son esprit, l'argent est un redoutable danger. À trente-quatre ans, elle pense que s'assumer financièrement signerait la mort de sa jeunesse et l'entrée dans le morose âge moyen. Elle a l'impression d'avoir des soucis d'argent. Elle ne se rend pas compte que son insatisfaction découle en réalité de son attitude vis-à-vis d'elle-même et de la vie, de sa vision de l'âge et de la maturité, de ses théories personnelles du bonheur.

V. Stephen

Stephen se voit pauvre, il dit souvent qu'il « galère ». Il travaille dans une librairie. À ses heures perdues, il écrit ; il essaye de faire publier une série de nouvelles, jusque-là sans succès. Dans le domaine de la création littéraire, il est extrêmement exigeant : il tente de rendre les moindres émotions avec une totale fidélité ; il expérimente des formes de style novatrices et complexes. Il est horrifié de voir ce qui se vend bien : des textes minables, bâclés, sans intérêt, qui rapportent des millions. L'argent, selon lui, est l'ennemi de la vérité et de la profondeur. L'argent écrase tout sur son chemin. Il érige de faux modèles. De l'avis de Stephen, les éditeurs se fichent de la qualité des ouvrages qu'ils publient ; seul leur importe le profit qu'ils en tireront. Dans les soirées, quand il dit qu'il est écrivain, on ne lui pose qu'une seule question : à combien d'exemplaires se vendent ses livres ? Il compare l'appartement qu'il loue dans une rue populaire, aux grosses villas tape-à-l'œil des quartiers riches. Il regarde avec mépris les vitrines remplies d'objets d'un luxe tapageur, d'articles de marque qui volent l'âme humaine. Nous vivons, dit-il, dans la caverne de Platon, obsédés par des illusions – par l'argent, au détriment de la vérité. Naturellement, lorsqu'il tient ce genre de propos, il provoque des réactions hostiles.

VI. Karen

Il y a quelques années, quand ses enfants sont entrés à l'école, Karen s'est reconvertie dans la planification financière ; avant, elle était prof de gym. Dans son travail, elle est en contact avec des gens beaucoup plus riches qu'elle. Elle a acquis une conscience particulièrement aiguë des liens entre argent et statut. Plus les clients sont fortunés, plus ils sont importants pour son entreprise, et plus ils sont traités avec égards. Lorsqu'elle voit l'un d'eux en photo dans un magazine, à un gala de charité ou aux courses, elle connaît le dessous des cartes. Elle sait comment la richesse crée le charisme : qui est ami avec qui, comment les différentes strates de la « société » se différencient. En général, elle est capable de discerner très vite si quelqu'un est réellement riche ou juste « ambitieux » (un terme péjoratif dans son vocabulaire). Elle éprouve une certaine exaltation à côtoyer de près les nantis. Mais ils l'ont aussi rendue féroce. Inconsciemment, ses anciens amis de la classe moyenne l'agacent. Et elle est résolue à trouver un moyen de se hisser dans cet univers qui est devenu sa réalité quotidienne : le monde des riches.

La pression croissante que Kate ressent intérieurement n'a rien à voir avec une recherche du confort matériel. À ses yeux, l'argent représente le statut, c'est-à-dire l'amour, l'importance, le respect, la fierté, l'épanouissement. En d'autres termes, l'argent a revêtu pour elle une signification presque religieuse. Il incarne ce qu'on aurait pu appeler en d'autres temps « la grâce de Dieu ». Une stratégie financière ne lui sera d'aucune aide. Pour échapper à ses tourments, il faudrait qu'elle reconsidère ses valeurs morales.

Ces portraits divers ne font qu'illustrer le fait que, très souvent, en notre for, *l'argent n'est pas que de l'argent*. Il est preuve de mérite ; il est la cause de tous les maux ; il est la victoire sur un rival ; il est le chemin vers l'amour ; il est garant du plaisir sexuel ; il est poison ; il est la mort de l'enfance.

Omniprésent, il influe inévitablement sur notre psychisme. Pour un romancier, c'est là un champ d'exploration fascinant. Pour ce qui est de bien vivre, c'est un problème.

C'est un problème car si je laisse, par exemple, mon vécu avec mes parents me dicter mes choix économiques, ou si j'essaye de sortir vainqueur d'une rivalité d'enfance en cherchant à gagner un maximum d'argent, je m'expose à des déconvenues. Mes expériences passées n'ont pas à se répercuter sur mes décisions financières d'aujourd'hui.

À proprement parler, l'argent n'est qu'un mécanisme d'échange neutre. En soi, il n'est rien. Il traduit simplement un certain degré de dette ou d'avoir. D'un point de vue psychologique, cependant, comme nous venons de le voir, il se superpose à beaucoup d'autres choses. À un extrême, certains le considèrent comme une sorte de divinité. Cela ne relève pas d'une croyance explicite mais se manifeste dans la façon de penser et d'agir. À l'autre extrême, d'autres se comportent comme si l'argent était néfaste et s'interdisent par conséquent la réussite financière, leur échec les confortant dans leurs idées – à un prix, bien sûr, extrêmement élevé.

L'argent exerce un étrange pouvoir qui nous incite parfois à des conduites malheureuses.

Nous avons tendance à nous mentir à son sujet. Sa signification cachée dans notre imaginaire nous pousse à éluder ou à maquiller la vérité : à nous voiler la face. L'économie est en soi une science, en ceci qu'elle fait abstraction du personnel. Mais de ce fait, elle laisse dans l'ombre ce qui demande à être mis en lumière : l'histoire secrète de nos rapports personnels à l'argent.

Beaucoup estiment que ce n'est pas leur rôle de réfléchir à l'argent *en général*. Les caractéristiques du vécu de chacun sont trop singulières. Comment tenir un discours à la fois sincère et de portée universelle ? — *Qui suis-je pour parler d'argent ?* s'interroge la voix de l'autocritique.

Nous devons nous débarrasser de ces couches de doutes et d'incertitudes, regarder l'argent d'un œil aussi réaliste que possible. Pour notre propre bien-être et dans l'intérêt de la société, nous devons tenter de modifier et d'améliorer nos rapports à l'argent. Posons ces bagages qui nous encombrent. Mais comment ? C'est ce que nous allons voir à présent.

II. MISE À NU

Voici un exercice pratique, en quatre étapes, de connaissance de soi. Prenez la peine de noter vos réponses, aussi honnêtement que possible.

I. Prise de conscience

Parce que la signification profonde que revêt l'argent dans la vie de chacun est toujours un peu cachée, il est facile de la nier. Instinctivement, on peut avoir cette réaction : « *Bien sûr, les autres ont toutes sortes de partis pris sur l'argent ; moi, en revanche, je suis impartial.* » Commencez par résister à cette tendance. Le processus de prise de conscience s'enclenche dès lors qu'on admet : « *Je traite sans doute l'argent d'étrange façon ; seulement, je ne saurais dire exactement de quelle façon.* »

II. Associations

Dans un premier temps, dressez une liste de mots et d'expressions que vous associez à l'argent. Pour vous aider à vous lancer, voici quelques éléments de ma liste à moi (certains paraissent à première vue un peu bizarres, je le conçois) : désagréments, « je ne m'en sortirai jamais », « les hauts plateaux ensoleillés », vulgarité, « être bien au chaud », « tout va bien pour *vous* ».

Ensuite, développez. Que signifient pour vous ces mots et expressions ? Ajoutez un commentaire sur ce qu'ils révèlent de votre attitude vis-à-vis de l'argent. En ce qui me concerne, voici :

1. *Désagréments* : Être obligé de vivre dans un quartier mal situé (parce que l'immobilier y est plus abordable), *d'où* de longs trajets pour aller travailler, *d'où* la course le matin, *d'où* mon irritabilité et ma brusquerie envers Helen et les enfants, *d'où* culpabilité et tristesse. *Commentaire* : J'impute ma mauvaise gestion du temps à un manque d'argent. Ces désagréments sont toutefois exagérés – je n'ai qu'à me lever plus tôt, ce qui implique que je devrais aussi me coucher plus tôt, éteindre la télé au lieu de regarder un énième épisode d'*À la Maison Blanche*.

2. « *Je ne m'en sortirai jamais* » : Ceci est un sentiment fataliste. Chaque fois que j'ai un peu d'argent d'avance, il arrive une grosse facture ou une dépense imprévue, qui me mangent tout ce que je croyais avoir mis de côté. Je me sens un peu à l'aise financièrement, et voilà qu'Helen m'annonce qu'il faut payer l'orthodontiste des enfants, ou faire réparer le toit de la maison. Retour à la case départ. *Commentaire* : Le problème, c'est que je fais l'autruche. Je dois anticiper de façon plus réaliste. Je savais depuis longtemps que les appareils des enfants coûteraient cher ; nous savions que le toit était en mauvais état. Mais je faisais semblant de l'ignorer.

3. « *Les hauts plateaux ensoleillés* » : Code pour « un jour, tout ira bien ». Je fantasme souvent que je suis riche. J'imagine comme ce serait chouette – tous mes soucis disparaîtraient, j'aurais la belle vie. Malheureusement, ce « un jour » reste indéfini, lointain dans le futur. *Commentaire* : J'attribue à l'argent une sorte d'aura magique. Je ne me demande pas de façon réaliste *comment* je pourrais faire pour devenir riche, ne serait-ce qu'un instant.

4. *Vulgarité* : Je suis en permanence à l'affût de signes de confirmation que ceux qui ont beaucoup d'argent sont, selon mes valeurs, inférieurs à moi. Je suis obnubilé par la beauté et je me sens rehaussé quand je vois des gens aisés étaler un luxe de mauvais goût. *Commentaire* : Je me raccroche à ma dignité pour soutenir des comparaisons financières inconfortables. Je ferais mieux de me recentrer sur ce à quoi j'attache de l'importance, au lieu de critiquer les autres.

5. « *Être bien au chaud* » : Mon image de ce que procure l'argent. Un manteau en cachemire par une soirée glaciale ; d'épais rideaux de velours ; la sérénité intérieure que l'on éprouve quand on n'a pas de soucis matériels. *Commentaire* : Cette idée de l'argent semble provenir de mon enfance écossaise – c'est une défense contre le froid, peut-être aussi un moyen de protection contre d'autres dangers. Si j'avais de l'argent, personne ne s'en prendrait à moi. Honnêtement, je sais très bien que l'argent ne peut pas apporter ce genre de sécurité.

6. « *Tout va bien pour* vous » : Je pourrais dire cela à quelqu'un et je redoute qu'on puisse le dire de moi. J'entends cette phrase prononcée d'un ton amer, avec ressentiment. Elle signifie : je suis malheureux parce que vous êtes heureux. Et elle implique : je serai heureux quand vous serez malheureux. *Commentaire* : Je ne crois pas être amer, mais je suis terrifié à la perspective de le devenir. Et j'ai peur d'inspirer de la rancœur. Mon désir d'améliorer ma condition m'obsède-t-il au point qu'il me rende un peu égoïste ?

III. Vécu personnel

Pour développer la conscience de soi, il vous faut examiner les épisodes clés de votre vécu personnel en rapport avec l'argent. Vous donne-t-il motif à être fier de vous ? Quelle a été votre plus grande humiliation en lien avec l'argent ? Qu'avez-vous pensé de ceux qui se trouvaient autour de vous à ce moment-là ? Quel impact l'argent a-t-il eu sur vos relations amoureuses ? Avez-vous reçu une éducation favorisant une attitude saine à son égard ?

Dans quelle mesure attribuez-vous à l'argent des pouvoirs « magiques » ? Accordez-vous davantage d'attention à ce que les gens *semblent* avoir ou, plus délicat, à ce qu'ils ont *en réalité* ? Avec du recul, vos soucis financiers étaient-ils toujours fondés ? Avez-vous été trop optimiste ? Quelles sont vos véritables craintes financières ?

Afin de vous encourager à poursuivre, voici quelques chapitres de ma propre histoire secrète avec l'argent :

1. À l'âge de sept ans, j'ai raconté cet énorme mensonge que mon père était « presque millionnaire » (en vérité, il était dans une période plutôt faste d'une série de hauts et de bas). Quelqu'un m'a aussitôt cloué le bec : « Qu'est-ce que tu peux être idiot ! » *Crainte* : Je suis un vantard. J'ai tendance à exagérer ridiculement mon statut financier parce que j'ai peur d'être humilié. Inconsciemment, j'associe richesse et pouvoir de séduction. Je sais pourtant que c'est absurde.

2. Effroyablement, mes parents affichaient à la fois des signes de richesse et de raffinement – carafes anciennes en cristal, vacances en Provence, manteaux en poil de cha-

meau – et de vraie pauvreté : une vieille voiture qui est un jour tombée en panne en plein milieu de la rue, des fins de mois où il ne leur restait même pas de quoi acheter à manger et payer le chauffage en hiver, les trous dans mes chaussures, et ma réticence à leur demander de m'en acheter de nouvelles. *Crainte* : Je suis incapable d'accepter la réalité de l'argent ; je le considère comme un accessoire de théâtre ; il va et vient sans raison liée à mon comportement ou à mes décisions. Je décline toute responsabilité, il échappe à mon contrôle.

3. Après une visite chez des gens aisés, ma sœur cadette, alors âgée de douze ans, est montée dans la voiture en murmurant : « *Qu'est-ce qu'ils sont riches...* » Ma mère, mon frère et moi lui avons hurlé de se taire, alors que nous l'avions à peine entendue. Pourquoi cette rage ? *Crainte* : L'idée de la pauvreté heurte ma vanité ; je ne supporte pas qu'on l'évoque.

4. Je me sentais rabaissé par ma première petite amie, dont la famille avait extrêmement bien réussi. Elle se plaignait de manquer d'argent, alors qu'elle était à mes yeux immensément privilégiée. Voici ce que ses parents pensaient de moi, m'a-t-elle expliqué : « *Ils t'aiment bien mais tu es un mystère pour eux ; ils ne comprennent pas pourquoi tu ne t'achètes pas une voiture de sport, ni pourquoi tu ne montes pas une maison d'édition ou ne te lances pas dans une carrière politique.* » Comme si c'étaient seulement des oublis de ma part... *Crainte* : Être né pauvre est une tare.

5. Parfois, je me demande si je reste avec ma femme pour des raisons financières (Helen a toujours gagné plus que moi) ou si l'argent permet à notre couple de surmonter les mauvaises passes. *Crainte* : J'ai l'âme vénale.

6. Je regrette amèrement certaines de mes décisions, notamment d'avoir renoncé à un investissement immobilier très rentable pour des placements plus hasardeux qui m'ont fait perdre de l'argent. À cause de cette erreur, nous avons traversé quelques années de précarité. *Crainte* : Je suis un piètre gestionnaire.

7. Il m'a fallu beaucoup de temps avant d'avoir une situation stable, bourgeoise. *Crainte* : En matière de finances, je manque de flair et de caractère.

iv. Bien s'entourer

Définir sa relation intime à l'argent et démêler les préoccupations financières réelles de celles qui portent en fait sur autre chose, constitue une démarche éminemment personnelle, mais pas solitaire pour autant.

Parler ouvertement d'argent est souvent tabou : le sujet prête trop à conflit, ressentiment, hypocrisie. Même entre amis – tout du moins en ce qui me concerne –, on se garde en général d'aborder certains aspects de sa vie financière.

Néanmoins, il est bon de s'entourer de personnes souhaitant améliorer la qualité de leur relation à l'argent. « Se mettre à nu », clarifier ses rapports à l'argent, acquérir connaissance de soi et maturité relève du domaine de l'intime, d'un cheminement mental propre à chacun. Bien sûr, la tâche serait plus facile si nous avions grandi dans une société parfaitement saine à cet égard, où nous assumerions tous nos responsabilités économiques avec sagesse et dans une vision à long terme. Malheureusement, ce n'est pas le cas.

Nous avons donc tout intérêt à nous entourer de personnes à même de nous aider à progresser, en l'occurrence à développer avec l'argent une relation plus franche, plus féconde.

Contrairement à ce que l'on pourrait croire, il ne s'agit pas de rechercher la compagnie de personnes qui ne parlent que d'argent, de stratégies d'investissement, etc. (bien qu'il ne faille pas non plus les exclure pour cette simple raison). L'essentiel est de vouloir analyser avec honnêteté et clairement notre relation à l'argent. Alors, comment choisir ses interlocuteurs ? Qu'attendre de leur part ?

1. *Qu'ils nous encouragent à être réaliste.*

Emma, l'héroïne éponyme du roman de Jane Austen, joue les entremetteuses entre sa jeune protégée, Harriet, et des hommes fortunés, d'un rang élevé, bien que, à l'époque, un tel mariage soit inconcevable. Cette ambition risque de compromettre le bonheur d'Harriet. À trop vouloir encourager nos proches, on oublie que leur donner de grands espoirs risque de leur causer des déceptions. Heureusement, Harriet tombe amoureuse de quelqu'un de sa condition et l'épouse. Emma n'a pas été réaliste, elle aurait dû chercher à mieux connaître Harriet, à savoir quelles étaient ses véritables aspirations ; cette dernière n'avait nul besoin d'un riche parti pour s'épanouir.

2. *Qu'ils ne se servent pas de l'argent pour humilier autrui.*

On rencontre parfois des gens qui étalent leur richesse, montrant par là implicitement que si vous avez moins qu'eux, alors vous n'existez pas vraiment à leurs yeux, vous appartenez à une espèce inférieure. Contre toute attente, ce ne sont pas forcément les plus aisés qui se servent de l'argent pour rabaisser les autres. C'est parfois le sommelier, au restaurant, lorsque vous commandez une bouteille bon marché ; ou le réceptionniste, à l'hôtel, qui vous regarde avec condescendance parce que vous ne prenez pas une suite. Eux-mêmes n'ont pas de gros moyens. Mais ils insinuent : je ne te respecterai que si tu dépenses beaucoup. Ces gens-là sont à fuir comme la peste.

3. *Qu'ils n'aient pas d'aigreur contre l'argent.*

Certains dissimulent leur peur de l'argent par le mépris, et voudraient qu'on partage leur attitude. À leurs yeux, tout ce qui a trait au gain est sordide et inique. Ils trouvent toujours des arguments pour étayer leurs convictions ; ils ne voient que le négatif. Évitez-les. Ils vous pollueront l'esprit.

4. *Qu'ils encouragent les bonnes habitudes.*

Qu'ils montrent le bon exemple, en sachant se passer de quelque chose si la dépense est inconsidérée, ou en achetant des vêtements d'occasion sans avoir honte de faire ainsi des économies.

5. *Qu'ils soient ouverts quant à leur propre vécu économique.*

Ma vision de l'argent a été fortement influencée par un collègue et ami, dont l'entreprise était alors très prospère, qui m'a raconté dans les moindres détails les déboires financiers qu'il avait essuyés une dizaine d'années plus tôt. J'ai été profondément touché de l'entendre me parler de l'amour qu'il portait à son entreprise, de ses efforts désespérés pour la sauver, de l'intense frustration générée par son échec et des dures années qui avaient suivi la faillite, au cours desquelles il avait dû apprendre à survivre avec très peu. Grâce à la richesse de son témoignage, j'ai compris que l'on pouvait bénéficier de l'expérience des autres, à condition qu'ils la partagent avec honnêteté. Il est plutôt rare qu'on accède à la vie d'autrui au-delà de la façade, et nos idées sur l'argent sont trop souvent générées par les apparences superficielles. Il peut pourtant suffire d'avoir en face de soi le bon exemple pour l'imiter. La franchise engendre la franchise.

6. *Qu'ils sachent écouter, sans projeter leur situation sur la nôtre.*

Certains ont la manie de dire : « *Tu devrais faire ça...* », sous-entendu : « C'est ce que moi je fais. » *Pourquoi* devrions-nous agir de la même manière ? Non seulement ils n'ont pas la réponse à cette question, mais ils ne se la posent même pas. Trop souvent, on se prend pour un modèle. Écouter signifie découvrir l'autre.

7. *Qu'ils nous ouvrent l'esprit et nous incitent à réfléchir plus clairement à notre situation, nos opportunités et nos difficultés ; qu'ils démystifient l'argent et ne paniquent pas.*

Il est naturel de considérer ses propres opinions sur la vie et le monde comme seules valables. L'interlocuteur idéal doit néanmoins nous inciter à remettre en question nos *idées préconçues*. Son rôle ne se limite pas à dédramatiser nos angoisses, aussi irrationnelles qu'elles puissent être. Sa sympathie nous permettra d'accepter son avis, et de le mettre à profit.

Un ami avec qui parler d'argent, comme tout ami, nous aidera à trouver un mode de vie plus sage, plus réaliste et plus satisfaisant.

III. QU'EST-CE QUE L'ARGENT ?

Une fois écartées les significations symboliques que les uns et les autres attachent à l'argent, que reste-t-il ? Que signifie voir l'argent pour ce qu'il est réellement ?

L'argent est essentiellement un moyen d'échange, l'unité de référence indispensable qui remplace nos anciens systèmes de troc. L'argent en soi est abstrait. Quasiment tout peut se monnayer et l'argent peut se convertir en presque n'importe quoi. Par exemple, une partie de son temps que l'on consacre à, disons, organiser un réseau de distribution d'appareils électro-ménagers peut se transformer, que sais-je, en leçons de tennis pour un enfant, ou en nouveaux rideaux pour la chambre à coucher.

L'argent qui se trouve sur notre compte en banque a d'abord été autre chose : du travail, des initiatives. Et il est appelé à devenir autre chose : des possessions, des expériences.

On dit aussi couramment que l'argent est une « réserve de valeur ». Cette définition souligne le fait qu'il peut *à tout moment* devenir une multitude d'autres choses.

Le rôle de l'argent dans la vie peut ainsi être analysé comme suit :

1. La manière dont nous transformons l'argent en possessions et en expériences est extrêmement importante. En quelles possessions et expériences convertissez-*vous* votre argent ? Êtes-vous satisfait de cette conversion ?

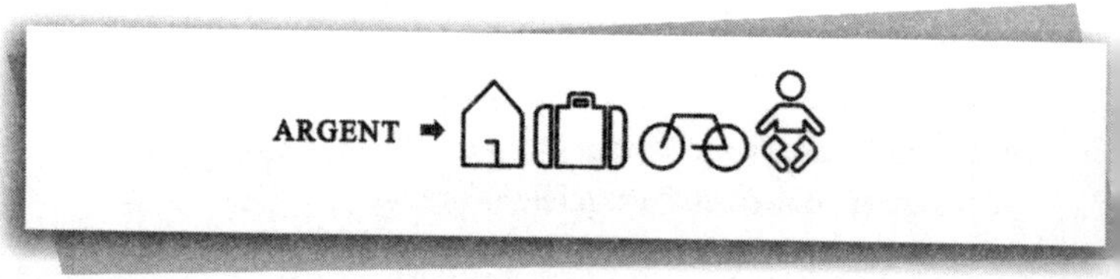

2. La manière dont nous transformons notre travail et nos initiatives en argent est extrêmement importante. Quels efforts et activités transformez-*vous* en argent ? *Combien* d'argent vous rapportent vos efforts et vos activités ?

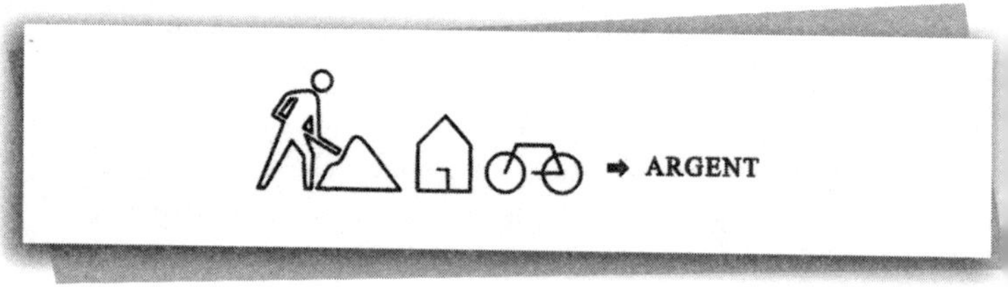

En conséquence :

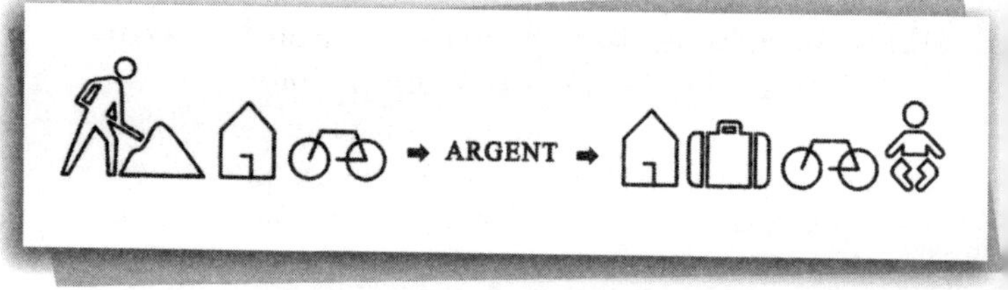

Autrement dit, quelle est la nature des efforts et des activités convertis en argent ? Et quelle est la nature des possessions et expériences qui résultent de la conversion de l'argent ?

Nous redoutons souvent que nos efforts ne méritent pas d'être accomplis. Même s'ils rapportent de l'argent, leur conversion monétaire n'est pas gratifiante, car ces efforts représentent une part significative de notre existence. Il y a du vrai dans le dicton « on est ce que l'on fait ». C'est pourquoi il est si déprimant de consacrer beaucoup de temps à une activité que l'on ne trouve pas digne d'intérêt.

Beaucoup craignent aussi de ne pas faire bon usage de leur argent. L'argent en soi ne nous donne pas de mode d'emploi.

Dans l'idéal, il faudrait convertir des efforts et des activités intrinsèquement méritoires en possessions et en expériences d'une valeur authentique et durable. Voilà le cycle idéal de l'argent.

Notre relation à l'argent devient malsaine lorsqu'elle s'écarte de ce cycle, c'est-à-dire lorsque nous cessons de voir l'argent comme des possessions et expériences potentielles, et regardons au contraire les possessions et expériences comme de l'argent potentiel. Telle est la situation de celui qui ne voit pas une œuvre d'art mais seulement un prix, de celui qui ne voit pas une éducation mais uniquement un moyen pour gagner de l'argent. C'est également oublier ce cycle idéal que de considérer nos activités comme purement lucratives au lieu de les évaluer à leur valeur intrinsèque.

Dans chacun de ces cas, l'erreur est la même : le *moyen* est traité comme une *fin,* l'instrument d'échange comme une chose concrète.

Par exemple, une maison peut être considérée comme un investissement : elle représente une certaine somme d'argent en réserve pour un certain laps de temps sous forme de briques et de ciment (ou de verre et d'acier). À terme, elle sera de nouveau reconvertie en liquidités. La considération première demeure l'argent. La construction n'est qu'une *apparence* de l'argent. Ou bien, une maison peut être vue avant tout comme une maison. Elle s'imprègne du vécu de ceux qui l'habitent ; elle abrite des enfances ; elle exprime un style personnel ; elle est le lieu où l'on cultive des amitiés. Bien sûr, elle représente de l'argent. Mais pas seulement. L'argent n'est que le moyen d'accéder au bien-être.

Nous entrons ici dans le domaine de la psychologie. Tout est question de perception. Dans l'esprit d'un individu, une maison est-elle d'abord un foyer et ensuite une ressource économique ? Ou bien est-elle en premier lieu un bien économique et secondairement un lieu de vie ? Laquelle de ces deux perceptions est la meilleure ? La réponse me semble couler de source.

Elle dévoile en quoi notre attitude envers l'argent peut contribuer ou nuire à la recherche d'une qualité de vie.

IV. ARGENT ET QUALITÉ DE VIE

I. L'ARGENT, UN INGRÉDIENT

Dépouillé de ses significations parasites, l'argent, comme nous venons de le voir, n'est qu'un moyen d'échange, un instrument. Loin d'être un détail, cette définition soulève deux questions capitales. La première : si l'argent est un moyen, c'est un moyen de *quoi* ? La seconde : comment en faire le meilleur usage pour parvenir à ses fins ?

La facilité pousserait à répondre que l'on désire de l'argent afin d'acquérir certaines choses : une voiture, un appartement, des vacances, un partenaire, le statut, l'amour. Autrement dit, ce qui nous rendrait heureux.

Or une célèbre théorie suggère que le bonheur n'est pas proportionnel à la richesse économique.

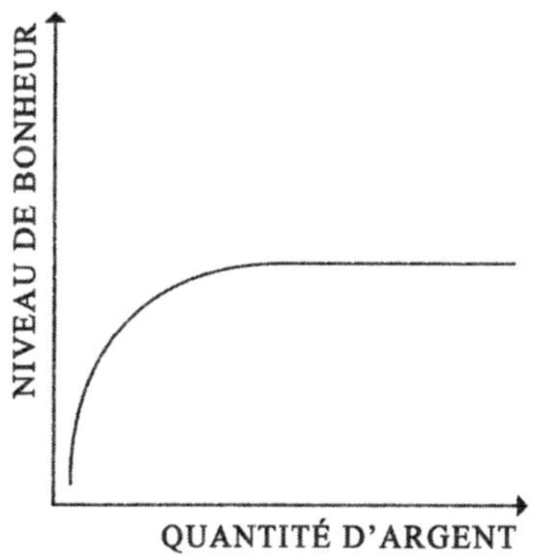

Comme vous pouvez le constater, le niveau de bonheur s'élève rapidement quand on passe du dénuement à une aisance modeste ; puis la progression ralentit ; au-delà d'un certain seuil, la courbe stagne. (Le revenu moyen se situe à peu près au milieu de l'abscisse.)

Voilà qui ne devrait pas nous surprendre. Qu'entendons-nous par « bonheur » ? Généralement, un mélange de joie et de sérénité, un sentiment de félicité couplée à la sécurité. L'argent exerce sur ces émotions un impact réel mais décroissant.

Il permet en effet de se procurer ce qui apporte le bien-être : une chambre d'hôtel confortable, une jolie petite maison à la campagne. La sérénité peut cependant découler de bien d'autres sources sans lien direct avec l'argent : d'un tempérament positif, par exemple, de relations fidèles, de l'exercice physique, d'une croyance religieuse, de la musique, etc.

On associe l'argent à l'allégresse. Il en achète les attributs : le champagne, les invitations dans le grand monde, les billets d'avion vers des destinations paradisiaques. Nous savons pourtant très bien que ces choses-là n'empêchent pas de se sentir triste et déprimé.

S'il est besoin d'expliciter : l'argent permet d'acheter les symboles mais *non les causes* de la sérénité et de la joie. En bref, l'argent ne fait pas le bonheur.

I. Pourquoi parler d'épanouissement plutôt que de bonheur ?

Sérénité et joie sont sans conteste des sentiments plaisants. Toutefois, le but de la vie ne s'arrête pas là.

Nous éprouvons presque tous un sincère besoin de nous rendre utiles, et redoutons de mener une existence vaine, de ne pas œuvrer pour le bien de nos semblables, ne serait-ce qu'à une toute petite échelle.

Accomplir des actes de valeur n'est pas toujours facile. Il faut persévérer, quand on aurait envie de renoncer ; risquer d'importuner certains ; se frotter aux affres de la compétition ; s'investir dans des démarches susceptibles d'être entravées ou qui exigent de gros efforts. S'épanouir, c'est mener à bien ce que l'on juge important, exercer ses capacités, essayer activement de « réaliser » ce qui nous tient à cœur, de le faire exister concrètement. Ces activités génèrent de l'anxiété, la crainte de l'échec et des déconvenues, tout autant que des satisfactions, des moments de triomphe et d'euphorie.

Aussi belle soit-elle, la vie comporte son lot de souffrances, de solitude, de déceptions. Nous devons accepter que nous sommes mortels et que les êtres chers le sont aussi. Vivre pleinement sa vie implique tout cela.

La notion d'épanouissement recouvre ce à quoi nous aspirons : utiliser au mieux nos capacités et nos compétences ; nous consacrer à ce que nous estimons digne d'intérêt ; développer et exprimer le meilleur de nous-même.

C'est pourquoi elle correspond mieux que la notion de bonheur à ce que nous attendons de la vie.

II. Quelle est la relation entre argent et épanouissement ?

Si on admet, donc, que l'argent ne procure pas le bonheur, au sens de joie et de sérénité intérieures, tout du moins pas de façon durable ni significative, en rechercher toujours plus ne sert pas à grand-chose.

En matière d'épanouissement, il joue toutefois un rôle différent.

L'argent a cet avantage qu'il permet de faire des choses et d'acquérir des biens matériels. L'argent est source de pouvoir et d'influence.

Ces voies-là ne mènent pas directement à la joie et la sérénité. Mais elles sont intimement liées à l'épanouissement, en ceci qu'elles nous donnent une marge de manœuvre dans la poursuite de nos objectifs et nous aident à développer nos talents ainsi qu'à stimuler ceux des autres.

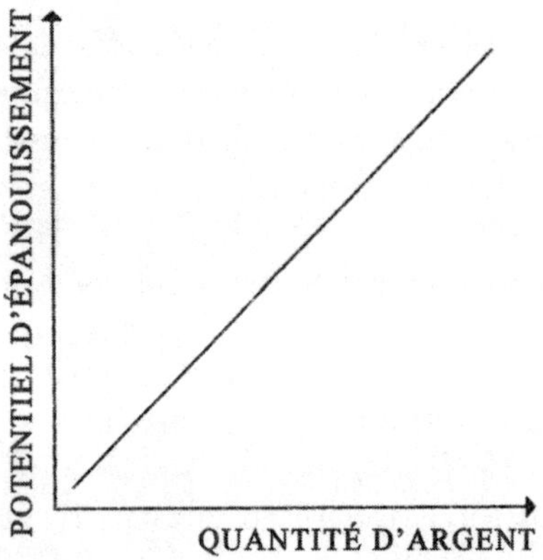

Plus on possède d'argent, plus le *potentiel* d'épanouissement s'élève – la courbe ne stagne pas comme sur le graphique argent/bonheur.

L'épanouissement n'a pas de limites. Et un accroissement de richesse favorise toujours les chances d'épanouissement.

Néanmoins, l'argent n'est pas l'unique facteur de l'épanouissement. *Il n'est qu'un ingrédient, une ressource.*

III. L'argent, un ingrédient

Il n'y a que très peu de choses que l'on puisse faire avec seulement de l'argent. En revanche, il y a beaucoup de choses que l'on peut faire facilement *sans* argent. La logique des ingrédients est simple – mais nous avons tendance à l'oublier dès lors qu'il est question d'argent.

L'argent contribue à la qualité de vie *uniquement* s'il s'accompagne de « vertus ». Les vertus sont les dispositions d'esprit qui nous portent vers le bien.

L'épanouissement n'est pas égoïste, ni intéressé ou antisocial comme l'est souvent la recherche forcenée d'un sentiment personnel de sérénité ou de joie. L'épanouissement des individus profite à la collectivité car les aptitudes de chacun, si elles sont bien exploitées, concourent au bien-être de la société, tandis que la joie et la sérénité personnelles n'apportent rien à autrui.

Projet	***Ce que procure l'argent***	***Vertus requises***	***Ce que procure l'argent sans vertu***
Une belle maison	Choix de la propriété et du lieu, choix du mobilier et de l'électroménager, accès à des services d'aide.	Style, flair, bonnes relations, esprit de convivialité et de décision, persévérance, bon goût.	Maison et intérieur vulgaires, voisinage prétentieux ou inintéressant.
De belles vacances	Liberté de manœuvre, choix des lieux où dormir, où manger, et des activités à pratiquer.	Motivation, connaissance de soi, sens des valeurs, souplesse, esprit d'aventure, sensibilité culturelle.	Divertissement superficiel, souvenirs banals, expériences culturelles sans authenticité, sacrifices et insatisfaction.
Une bonne éducation	Chances supplémentaires, opportunité de plus longues études, choix plus large, accès à des services d'aide.	Soif d'apprendre, volonté d'évolution personnelle, sens de l'entreprise intellectuelle, enthousiasme, recherche de la sagesse, de la confiance.	Pauvreté d'esprit, manque de motivation, piètre épanouissement, privilèges immérités ; culpabilité ou résignation (ennui).

IV. De combien ai-je besoin ?

Sérieuse, la question mérite mieux que cette réponse légère : « *Autant que possible.* »

On ne peut se la poser qu'à condition de considérer l'argent comme un ingrédient, et d'avoir d'abord réfléchi aux points suivants :

1. Quels sont mes véritables objectifs ? (Par exemple : une famille heureuse, le développement spirituel, un riche engagement dans le monde.)

2. À part l'argent, quels sont les moyens indispensables pour les atteindre ?

3. En quoi l'argent m'aidera-t-il à les réaliser ?

Ensuite, et seulement ensuite, c'est-à-dire une fois que vous aurez déterminé pour quoi vous avez besoin d'argent, vous pourrez chiffrer ce besoin.

Je reviendrai ultérieurement sur ce point ; en attendant je souhaite me pencher sur l'importance de l'argent compris comme « ingrédient » dans les relations amoureuses.

II. LE MARIAGE SELON JANE AUSTEN

I. L'argent influe-t-il sur l'amour et la sexualité ?

Si l'on considère l'argent comme un ingrédient, il faut reconnaître qu'il intervient parfois dans la qualité de nos relations avec autrui, et donc dans la réussite amoureuse.

Nous éprouvons généralement une certaine gêne à mêler nos besoins matériels à nos attentes spirituelles et à nos espoirs sentimentaux. Nous nous sentons obligés d'affirmer que les uns et les autres sont totalement indépendants. Quelle grossièreté – redoute-t-on – de penser qu'il pourrait en être autrement. Nous sommes les héritiers d'une tradition romantique selon laquelle il convient de ne pas trop s'appesantir sur le sujet. Seuls quelques stéréotypes présentent des caractéristiques liées à la fois à l'amour et à l'argent : le jeune homme pauvre mais plein de séduction ; le richard vide et vaniteux ; le couple démuni mais heureux par opposition au couple riche et malheureux. L'une des plus grandes romancières « d'amour » a cependant une vision plus pragmatique des liens entre amour et argent.

II. La réponse de Jane Austen

Sur le long terme, et pour la plupart d'entre nous, l'amour (et donc la sexualité, bien que Jane Austen soit trop pudique pour en parler ouvertement) tire avantage d'une situation économique saine. Bien sûr, ce n'est pas là une loi de la nature et il existe des exceptions.

Ne nous méprenons pas : Jane Austen ne dit pas que l'argent suffit à créer le bonheur amoureux et sexuel. Elle soutient la thèse de l'argent-ingrédient, lequel peut être très favorable s'il s'accompagne d'autres composantes positives, mais qui à lui seul ne mène à rien. Le personnage le plus fortuné de toute son œuvre est M. Rushworth, le stupide propriétaire terrien de *Mansfield Park*. Son mariage est un désastre complet.

Jane Austen pense qu'une relation de couple solide, stable et satisfaisante est fondée sur plusieurs facteurs, dont un seulement est d'ordre financier. Et cet aspect de la vie conjugale est traité dans ses romans en termes très concrets. Par exemple, dans *Raison et Sentiments*, elle marie Elinor Dashwood à Edward Ferrars. Le ménage a un revenu annuel d'environ 850 £, le revenu le plus faible de toutes ses héroïnes mariées, néanmoins assez confortable pour l'époque. Une bonne partie de l'histoire tourne autour du fait qu'ils ont assez d'argent – et de ce que l'on entend par « assez ». Jane Austen nous montre que ces deux personnes possèdent les qualités d'esprit et un tempérament leur permettant d'avoir tout ce qu'elles veulent avec les moyens dont elles disposent.

L'anti-héros du roman, Willoughby, a pour sa part de quoi mener un grand train de vie. Il dépense sans compter. Lorsqu'il s'éprend de Marianne Dashwood, le mariage est impossible car il a dilapidé ses ressources. Il doit donc épouser une jeune fille fortunée pour éponger ses dettes, et Marianne ne l'est pas suffisamment. Jane Austen le punit en le dotant d'une femme riche mais acariâtre.

Charlotte Lucas, la voisine des Bennet dans *Orgueil et Préjugés*, épouse M. Collins, un homme aisé. Elle n'est toutefois pas heureuse en ménage car s'il est un parti avantageux, Collins n'a pas grand-chose pour lui.

Jane Austen tente de nous enseigner une leçon : l'argent est *nécessaire*, mais pas *suffisant*. Elle souligne au demeurant qu'il est essentiel de savoir de *combien* l'on a besoin. En disant que l'argent est important, on peut donner l'impression de souhaiter en avoir le plus possible. Or là n'est pas du tout le propos de la romancière.

La notion d'ingrédient implique celle de proportion. Avec la bonne mesure, des petits moyens permettent de grandes choses ; avec la mauvaise, vous aurez beau rouler sur l'or, vous n'échapperez pas à la frustration.

Se marier pour l'argent n'est pas du tout la même chose que vouloir fonder son couple sur une bonne base pécuniaire. Mais... cela ne va-t-il pas à l'encontre du principe selon lequel, en amour, on ne doit écouter que son cœur ? Voilà qui paraît vénal.

Et qui l'est, dans une certaine mesure. Néanmoins, c'est la conclusion à laquelle on parvient si on observe les relations humaines. Les couples solides, durables et harmonieux reposent sur une alchimie humaine complexe, tenant à la fois de l'amitié et du partenariat économique.

Imaginons que votre fiancé(e) vous dise : « *Si je n'avais pas d'argent, tu ne m'épouserais pas.* » Chacune des deux parties doit absolument comprendre que le mariage est un engagement délicat. La réponse raisonnable serait : « *Je me marierais avec toi quelle que soit ta situation financière. Seulement, si tu n'avais pas d'argent, j'aurais l'impression de commettre une bêtise. Tous mes choix ne sont pas forcément les meilleurs. »*

Prenons les choses dans l'autre sens. Les choix guidés par la sagesse ne sont pas nécessairement les plus séduisants. Mais mieux vaut peut-être épouser quelqu'un qui ait des instincts financiers fiables et un solide capital, même si la relation est par ailleurs un peu moins idyllique.

Le couple idéal est celui au sein duquel on s'épanouit ensemble. L'argent étant un ingrédient essentiel de l'épanouissement, il est aussi un élément clé du mariage.

III. Et en matière de sexualité ?

L'association argent-sexualité évoque l'image affligeante du grossier personnage s'attirant les faveurs d'une jolie fille par ses seuls appâts financiers. L'argent a néanmoins d'autres retombées, plus bénignes, sur le bonheur sexuel :

1. L'argent est pour certains un aphrodisiaque. Il n'y a là rien de mystérieux. L'argent incarne le statut et la réussite, qui peuvent aiguiser l'appétit sexuel.

2. L'argent achète le luxe, l'intimité et la stimulation sensuelle. La vie sexuelle des couples modernes est souvent compromise par le manque de temps et d'occasions. Si seulement nous pouvions passer la nuit dans un hôtel de charme, faire garder les enfants, aller chez le coiffeur, nous mettre en valeur par des vêtements seyants...

3. L'argent consolide le couple. Quand on a investi ensemble dans des biens communs, il est plus dur – quoique pas impossible – de se séparer. Une rupture est toujours douloureuse. L'argent donne des raisons de surmonter les crises passagères.

4. Il me semble que lorsqu'on jouit d'une certaine aisance, on a tendance à être plus indulgent, à pardonner plus facilement une infidélité occasionnelle ou une incartade sans lendemain. (Il s'agit là toutefois d'une pure spéculation de ma part.)

Ces considérations contribuent à expliquer l'importance de l'argent dans le mariage. La frustration sexuelle est souvent à l'origine des discordes conjugales. C'est pourquoi tout ce qui favorise la sexualité renforce le couple. Entre deux époux, la charge de création de richesse ne se répartit pas systématiquement à parts égales. L'idéal serait que s'unissent deux personnes possédant un bon potentiel, l'une de création de richesse, l'autre d'épanouissement – ensemble, elles auraient les capacités et les vertus qui leur permettront de tirer le meilleur parti des opportunités.

Et toutes deux trouveront leur compte dans l'arrangement, chacune ayant sa spécificité et chacune bénéficiant de celle de l'autre. Il ne faut donc pas avoir honte, quand on recherche l'homme ou la femme de sa vie, de porter attention à des critères financiers ainsi qu'à l'attitude de chacun vis-à-vis de l'argent.

Si j'en crois ma propre expérience, l'argent peut provoquer au sein du couple de terribles conflits. Notamment, je crains de gâcher la vie d'Helen en ne gagnant pas davantage. Et il y a entre nous des dissensions de fond : je suis dépensier, elle est très regardante. Par exemple, j'aime aller dans les grands restaurants ; elle préfère les petits établissements familiaux, ou manger à la maison. (Ce qui est d'autant plus difficile à assumer que nos goûts ne sont pas en adéquation avec nos revenus respectifs. Financièrement parlant, elle « mérite » les serviettes amidonnées, moi pas. J'avoue que j'ai un peu de mal à l'accepter.) Parfois, elle comme moi, nous avons envie de crier : « Pourquoi diable es-tu si différent de moi ? » Je dois toutefois reconnaître que j'aurais commis une grave erreur en épousant quelqu'un qui me ressemble. Avec une version féminine de moi-même, je me serais enfoncé dans les dettes jusqu'au cou. Je paye le prix de mon salut par le conflit. Les conséquences sont cependant moins graves qu'elles ne l'auraient été dans l'autre hypothèse.

III. S'ÉDUQUER PAR L'ENVIE

Well Walk, à Hampstead, est l'une des rues anciennes les plus charmantes des banlieues nord de Londres. Tout en se sentant dans une grande ville, on a aussi un peu l'impression d'être à la campagne. La rue est étroite ; les maisons, de styles variés, ne sont pas trop éloignées les unes des autres ; il y règne une atmosphère conviviale. J'adorerais habiter là, plus particulièrement à l'extrémité de la rue qui donne sur le parc de Hampstead Heath. Je rêve d'un grand appartement en rez-de-chaussée avec des hauts plafonds, une élégante bibliothèque, les chambres des enfants au fond d'un couloir, un fourneau en fonte dans la cuisine, un jardin entouré d'une haute haie et une étendue de pelouse où, les soirs d'été, je deviserais avec des amis cultivés autour d'une bouteille de vin blanc ; l'hiver, je me prélasserais dans un grand canapé en face de la cheminée.

J'envie les gens qui vivent ici.

Ceci est un exemple représentatif de mes relations à l'argent. Vous voyez quelque chose que vous voulez vraiment – qui parle à votre âme de votre bien-être personnel et de l'épanouissement de ceux qui vous sont chers. Cette vision est très dérangeante car vous savez qu'elle ne se matérialisera jamais.

En un sens, ce rêve est sain et raisonnable. Laissons de côté pour un instant les prix de l'immobilier. J'ai ébauché, je crois, un tableau assez décent du bonheur familial, ni trop opulent, ni trop prétentieux. Je suis sûr que ma femme et mes enfants seraient ravis d'emménager là. Cet environnement nous conviendrait à merveille.

Hélas, tout cela est largement au-dessus de mes moyens. Il faudrait que je gagne, grosso modo, cinq fois plus que mon salaire actuel. La perspective n'est pas (totalement) inconcevable, mais elle impliquerait que je change du tout au tout, que je devienne un gagneur. Je devrais envisager une autre carrière, une attitude différente vis-à-vis du travail, me reconvertir, me transformer, prendre des risques et faire preuve de patience.

I. Que faire de ce genre d'expérience ?

1. Les prendre au sérieux

Il n'est pas rare, en feuilletant un magazine, que je m'arrête sur un article parlant d'une femme ayant a) une belle carrière d'avocate ; b) deux enfants ; c) des idées politiques pleines de bon sens ; d) une résidence secondaire en Bourgogne ; e) un style vestimentaire du meilleur effet.

En observant les gens à l'aéroport, j'envie a) un voyageur plongé dans un livre qui semble passionnant ; b) sa capacité de concentration et sa sérénité ; c) ses luxueux bagages ; d) ses vêtements sobres et élégants ; e) cette charmante personne qui le rejoint – et se révèle être sa compagne ; f) de les voir embarquer tous deux en première classe.

Au lieu de prendre ces expériences à la légère, ou de les laisser se répéter à l'infini, nous nous devons d'y réfléchir et d'en tirer un enseignement. Cela implique, pour commencer, que l'on accepte de souffrir un peu. J'ai imaginé quelque chose de fondamentalement bon et je ne peux pas l'avoir. Je ne vais pas me convaincre que cette chose n'est pas bonne juste parce que je ne peux pas l'avoir. Ce sentiment de rejet émerge – de façon quelque peu brutale – quand on feint de dédaigner des choses fondamentalement bonnes sous prétexte qu'elles sont « snobs » ou « prétentieuses ».

On peut faire ici le parallèle avec le concept du deuil. Au décès d'un proche, nous devons prendre notre chagrin au sérieux. On ne tente pas de se convaincre que le défunt n'est pas mort ou qu'on n'est pas affecté. De la même manière, mais dans une moindre mesure, lorsqu'on doit renoncer à quelque chose que l'on aime, il faut en faire le deuil. Well Walk mérite d'être aimé ; il est normal d'être attristé par la rareté de tels endroits et par l'impossibilité de la vie qu'on aurait pu y mener.

2. Faire la distinction entre ce genre d'expérience et son voisin psychologique – le fantasme de la richesse

Si j'avais tout d'un coup un milliard de livres... j'achèterais une grande parcelle de terrain dans le Perthshire et j'y ferais construire la maison de mes rêves : une version plus humble du Palais de Blenheim, en plus petit, avec un joli jardin. Je n'enverrais plus mes enfants à l'école, j'engagerais des professeurs à domicile. Je ferais semblant de me mettre en colère lorsqu'ils traverseraient les salons ou la bibliothèque à vélo mais en vérité, je serais content de les voir s'amuser en toute liberté au milieu des Claude et des Poussin, et je sourirais quand ils égratigneraient les meubles. J'en achèterais d'autres ! J'aurais une piscine en porphyre, un jet privé, un *palazzo* à Venise, une garçonnière à New York...

Quelle est la différence entre ce rêve et celui de l'appartement à Well Walk ? Le palais relève du pur fantasme. En fait, je n'ai aucune idée de ce que je ferais si j'étais soudain immensément riche ; je deviendrais peut-être un monstre de cupidité et d'égoïsme. Le fantasme du palais est un moyen d'évasion. Il a pour fonction de me permettre d'ignorer momentanément la réalité.

Well Walk, en revanche, n'est pas une fuite de la réalité même si, par déni, je pourrais être tenté de le croire. L'expérience (bien qu'un peu douloureuse) a une utilité : elle est révélatrice des ingrédients qui me paraissent nécessaires au bien-être. Amalgamer Well Walk et le rêve du milliard facile, c'est passer à côté du message de Well Walk.

3. Être créatif

Dans le cas de Well Walk, le scénario est limpide. On se représente aisément la belle vie que l'on mènerait grâce aux éléments fournis dans le script. Le scénario est enchanteur par sa clarté et sa précision. Voilà pour quelle raison son attrait est si puissant – parce que l'on voit parfaitement comment on pourrait être heureux dans ce cadre ; ou pourquoi on aimerait ressembler au couple de l'aéroport ou à l'avocate mère de famille.

Essayer de les copier à l'identique n'est pas la solution, ni la meilleure façon de s'inspirer de ce que l'on admire. Imaginons un romancier qui adorerait *Guerre et Paix* de Tolstoï. Cette grande œuvre raconte l'histoire d'un groupe de familles aristocratiques à l'époque de la campagne de Russie en 1812. Notre écrivain contemporain pourrait se dire : « *Je vais écrire sur ce sujet, moi aussi.* » Et de se documenter sur le Moscou du début du XIXe siècle. Sans doute se fourvoierait-il. L'intérêt de *Guerre et Paix* est dû surtout à la manière dont Tolstoï pénètre dans la vie intérieure de ses personnages, et à la sympathie qu'il leur témoigne. Ces merveilleuses qualités sont indépendantes du contexte historique. Au lieu d'imiter des caractéristiques superficielles, nous devons nous efforcer de reproduire les vertus sous-jacentes.

Ce qui retient notre attention de prime abord est comparable au contexte historique de Tolstoï. Les valises, le billet de première classe, la rue de Hampstead, la résidence secondaire en Bourgogne et la prestigieuse carrière juridique ne sont que des apparences, et non pas ce que nous devons tenter de reproduire.

L'essentiel se trouve sous la surface : la sérénité, le confort, l'accomplissement et les compétences, la bonne organisation et le foyer familial chaleureux. Notre auteur moderne pourrait tout aussi bien raconter l'histoire d'un groupe de professeurs de Glasgow dans les années 70, et son roman serait tolstoïen par le traitement des personnages et de leur vécu – quand bien même il ne contiendrait pas le moindre élément en rapport avec la Russie ou Napoléon.

L'herbe semble toujours plus verte chez les autres. Plutôt que de vous focaliser sur votre manque d'argent, pensez de façon créative à ce que vous avez. N'évitez pas l'envie. Nous avons tous des rêves du genre : « *Oh, si seulement je vivais là, si j'avais ceci ou cela, ma vie serait fantastique !* » Or lorsqu'on analyse ce qui nous parle vraiment, il s'avère souvent que, davantage que la richesse, nous désirons nous affranchir des contraintes triviales du quotidien, « repartir du bon pied », être un peu différent, un peu meilleur.

V. HIÉRARCHISATION DES BESOINS

I. BESOIN *VERSUS* DÉSIR

Il est indispensable de connaître ses véritables besoins. La clarté, ici, nourrit la détermination : nos énergies s'en trouvent recentrées sur les priorités.

En général, on évoque la distinction besoin/désir pour réviser ses ambitions à la baisse et se fixer des objectifs plus modestes (plus sains, aussi, et plus accessibles). Avez-vous réellement besoin d'une maison en bord de mer, d'une voiture de sport ou de dîner dans un restaurant renommé ? Non, ce ne sont que des désirs. Vous en retireriez du plaisir mais vous n'en éprouvez pas la nécessité. Par conséquent, si nous visons la sagesse financière, nous devons lutter contre l'impulsion de céder à nos désirs, afin de mieux nous concentrer sur la satisfaction de nos besoins.

Le besoin est profond, propre à la personnalité et au parcours de chacun. « Ai-je besoin de ceci ? » est une manière de se demander : « Quelle importance a cette chose ? En quoi m'aidera-t-elle à devenir meilleur ? Quel usage en ferai-je ? » Ce questionnement permet de faire la distinction, cruciale, entre besoins et désirs.

Attention, toutefois, à ne pas l'assimiler à la distinction entre « modeste et excessif » : nous n'avons pas que des petits besoins pouvant être satisfaits à moindre coût.

Un violoniste peut avoir besoin d'un archet au prix exorbitant. Il s'agit néanmoins pour lui d'un véritable besoin, et non pas d'un simple désir. Précisons ici que par « besoin », je n'entends pas seulement ce qui est nécessaire à la *survie*. Le violoniste a besoin de cet archet parce que celui-ci jouera dans sa vie un rôle central. Le musicien a consacré une grande part de son existence à acquérir le talent et la sensibilité qui justifient qu'il possède un onéreux archet de qualité supérieure. Cet objet occupera dans la vie de cette personne une place importante. Ce serait mal se connaître que de dire : « *Oh, il est beaucoup trop cher, je peux très bien m'en passer.* »

Il ne faut pas s'arrêter au fait que l'on ne puisse pas se payer ce dont on a besoin. En revanche, c'est là une raison valable de chercher à gagner davantage. Le revenu idéal est celui qui nous permet de répondre à nos véritables besoins.

La notion de besoin ainsi appréhendée, on comprend mieux en quoi se fourvoient ceux qui aspirent à un luxe dont ils n'ont pas *vraiment* besoin. Leurs achats ne les aideront ni à évoluer ni à s'épanouir. Non qu'ils soient futiles dans l'absolu ; simplement, faute de sensibilité, l'individu en question ne saura pas en faire bon usage.

Le mot « cupidité » est de plus en plus employé dans le vocabulaire de l'éthique moderne. La cupidité ne désigne pas le désir d'avoir plus que les autres – bien que nous ayons tendance à utiliser le terme en ce sens. Ce n'est pas forcément cupide que de vouloir une belle maison, si on aime cette maison pour sa beauté – quand bien même elle n'est pas à la portée de toutes les bourses.

I. Comment différencier besoin et désir ?

Le meilleur moyen est de se demander de quoi participent respectivement *besoin* et *désir*. Soit, plus concrètement : dans quelle mesure est-il *sage* – intelligent, sensé – de vouloir cette chose ? La force du désir immédiat n'est qu'un indice très approximatif et parfois trompeur. Où l'objet en considération trouvera-t-il sa place dans ma vie ? Quel rôle y jouera-t-il ? En quoi contribuera-t-il à améliorer mon existence et à faire de moi un être meilleur ? Quel plus m'apportera-t-il ?

La distinction besoin/envie soulève des questions d'identité, d'éthique, des interrogations sur le sens de la vie. Une réflexion pertinente à propos de l'argent passe nécessairement par un examen sérieux de ces notions.

Un exemple : j'ai repéré dans la vitrine d'un antiquaire un joli guéridon du XVIIIe. Chez moi, le canapé se trouve en face de la cheminée, flanqué de chaque côté d'une petite table avec une lampe d'appoint. Lorsque nous recevons, c'est là que nous prenons l'apéritif. J'aime beaucoup notre salon, je le trouve élégant et sobre. Il me semble qu'il reflète un aspect important de ma personnalité et qu'il traduit ma façon de voir la vie. Il véhicule une idée de vie sociale et de conversation. Cela dit, nos deux petites tables ne sont pas très bien assorties. L'une est plus sophistiquée que l'autre. Le guéridon que j'ai vu chez l'antiquaire conviendrait mieux au style de la pièce. Je dirais donc que nous en avons besoin. Certes, nous pourrions nous en passer mais je crois que ce serait bien de l'avoir. J'en ferais quelque chose de substantiel. Si je l'achète, ce ne sera pas une toquade. Il contribuera à créer une atmosphère à l'image de mes valeurs. J'apprécie les qualités et la valeur intrinsèques de ce meuble.

J'ai néanmoins décidé que je ne pouvais pas me permettre de me l'offrir. Toutefois, je n'y renonce pas définitivement. Je ne veux pas me mettre dans la tête que, parce que je ne peux pas me le payer pour l'instant, je me fiche de l'avoir ou non.

J'ai besoin de ce guéridon, même si je pourrais vivre sans.

Il est important de comprendre que la distinction « besoin/envie » n'est pas superposable à celle entre « basique et raffiné » ou « bon marché et luxueux ». Et ce pour des raisons profondes. L'opposition « besoin/envie » est une distinction psychologique relative à l'épanouissement individuel et à la recherche du meilleur de soi-même. L'opposition « basique/raffiné » se fonde sur les caractéristiques d'un objet. L'opposition « bon marché/cher » relève des notions de prix et de demande.

Afin de faire la part entre besoins et désirs, je vous recommande, bien que cela puisse paraître contre-intuitif, de commencer par déterminer vos besoins, indépendamment de leur coût. Il est fort probable que vous n'ayez pas les moyens de vous procurer certaines choses que vous estimez nécessaires. Il est possible aussi qu'il ne soit pas judicieux de faire certaines acquisitions, même si leur prix est abordable et que vous en éprouvez le désir. Justement, c'est ainsi que vous libérerez des ressources pour des projets plus importants. D'où l'intérêt d'établir une hiérarchie de nos priorités, laquelle traduira, en filigrane, la manière dont nous nous imaginons évoluer et nous épanouir tout au long de la vie.

II. Besoins supérieurs, intermédiaires et inférieurs

On peut déplorer, dans notre culture moderne, que la notion de *besoin* soit souvent associée à celle de survie physiologique. Fondamentalement, nous avons droit à ce dont nous avons besoin. Satisfaire ses désirs est une autre affaire.

Les besoins peuvent être répartis en trois grandes catégories :

Supérieurs Nobles/Intrinsèques	***Intermédiaires Sociaux/Relatifs***	***Inférieurs Élémentaires***
Ce dont nous avons besoin pour nous épanouir en tant qu'individu, pour exprimer notre nature profonde, être le meilleur de nous-même.	Ce dont nous avons besoin pour gagner le respect de la société – et qui dépend donc de la société à laquelle nous appartenons.	Ce dont nous avons besoin pour survivre en tant qu'être humain : nourriture saine, sécurité d'un abri, emploi.

Les besoins supérieurs comprennent : des amitiés sincères, une mission dans la vie, un style personnel, une maturité affective.

Parmi les besoins intermédiaires, on peut citer : un emploi bien rémunéré, des vêtements à la mode, des voyages à l'étranger, la fréquentation de personnes haut placées.

Les besoins supérieurs sont plus difficiles à décrire et à identifier, du fait de leur complexité et de leur caractère abstrait. Ils n'en demeurent pas moins des besoins, en cela qu'ils sont essentiels à l'épanouissement. Cependant nous les subordonnons souvent à des nécessités plus impérieuses.

III. Besoins intermédiaires et besoins supérieurs

Les besoins intermédiaires de sociabilité, de reconnaissance et d'interaction avec nos semblables – d'appartenance à une communauté – sont souvent étroitement liés à l'argent. Du reste, nous éprouvons quasiment tous de tels besoins. Et parce que l'argent constitue un moyen direct d'y répondre, il peut paraître conditionner le bonheur. Ironiquement, toutefois, ces biens d'ordre intermédiaire semblent appartenir à un horizon fuyant : plus on en acquiert, plus on prend conscience du peu que l'on a.

Dans *À la recherche du temps perdu*, Marcel Proust donne un parfait exemple de ce phénomène : vous rencontrez une personne ennuyeuse, et éprouvez un vif désir de fréquenter des cercles intéressants, où vous rencontreriez des gens intéressants. Vous parvenez à vous introduire dans l'un de ces cercles, mais les gens intéressants qui le fréquentent ne vous invitent pas à leurs soirées. Finalement, vous assistez à l'une de ces soirées, et vous apercevez que votre hôte donne des repas beaucoup plus convoités. Vous finissez par être convié à l'un de ces repas et là, vous retrouvez la personne ennuyeuse qui vous avait accaparé initialement.

Les individus comme les sociétés franchissent une étape cruciale de leur développement économique, lorsque leurs besoins passent de l'ordre intermédiaire à l'ordre supérieur. Parfois, nous devons réduire notre attachement aux biens intermédiaires tels que le statut ou le prestige, afin de mieux nous concentrer sur des objectifs plus nobles. Cela ne nécessite pas plus d'argent, mais une plus grande indépendance d'esprit.

Les besoins supérieurs sont souvent comblés de manière indirecte. Pour les satisfaire, il faut avant tout du temps, de la disponibilité mentale, être capable de saisir la nature profonde d'autrui et d'entrer en communion avec nos semblables.

IV. Les coûts indirects des besoins supérieurs

Pour lire *Mansfield Park,* ou *Guerre et Paix* (puisque nous avons parlé tout à l'heure de Jane Austen et de Tolstoï), il ne suffit pas de posséder un exemplaire de l'ouvrage, que l'on peut se procurer pour presque rien. Il faut aussi avoir du temps à consacrer à une lecture attentive – la possibilité de se mettre au lit une heure plus tôt, de prendre un long bain, de s'asseoir dans un café ou dans un parc sans se préoccuper de ce qui se passe autour de soi – et les ressources intellectuelles permettant de saisir le message de l'auteur. Car ces œuvres ne vous apporteront rien si elles ne suscitent pas une réflexion approfondie.

Les besoins supérieurs ne relèvent pas de l'ambition ou de la prétention. Le besoin d'être compris, d'accomplir des actes de valeur, de partager la vie intérieure de notre entourage, d'affiner sa sensibilité sous-tend chaque instant de notre quotidien. Tandis que nous vaquons à nos occupations pour répondre à nos besoins plus élémentaires, ce besoin est omniprésent – qu'il soit satisfait ou non.

V. Besoins supérieurs et statut

Une demeure élégante dans un quartier agréable répond à un besoin supérieur, que l'on prend pourtant souvent pour un besoin social d'ordre intermédiaire, et que l'on aurait tendance à qualifier de « prétentieux » ou de « snob ». Untel a acheté une grande villa pour se donner l'impression de gravir un échelon social ; il fréquente les restaurants huppés et va à l'opéra pour côtoyer le haut du panier ; il collectionne les œuvres d'art afin d'être considéré comme quelqu'un de cultivé. En traitant cette personne de « prétentieuse » et de « snob », on lui reproche de n'agir de la sorte que parce qu'elle brigue un certain statut. Si tel est effectivement le cas, la critique est fondée. Mais elle n'est en général qu'une attaque gratuite. Car on peut éprouver un intérêt sincère pour l'opéra, les restaurants gastronomiques, les belles maisons et les objets d'art. Les « besoins supérieurs » ne sont pas *nécessairement* dictés par l'aspiration à un statut, même s'il est vrai que certains accumulent des biens censés répondre à de nobles besoins dans le seul objectif d'asseoir leur statut. Par conséquent, rien ne sert de se focaliser sur les objets en eux-mêmes. Bien plus importants sont les motifs qui ont présidé à leur acquisition. Et pour juger de ces motifs, il est capital de distinguer clairement entre besoin d'ordre supérieur et besoin d'ordre intermédiaire.

Sans doute le désir de statut est-il une irrésistible pulsion de la nature humaine. Si tel est le cas, plutôt que de chercher vainement à le refouler, il faut le réorienter en l'associant aux bons éléments. Il n'y a pas de mal à admirer ou à envier quelqu'un. La question est de savoir pourquoi nous admirons cette personne et ce que nous lui envions. Si elle nous paraît avoir un statut supérieur parce qu'elle est sage, généreuse, sensible à la beauté, et sait mettre en relief le meilleur côté d'autrui, alors indiscutablement elle mérite l'estime. Si ce sont ses qualités que nous envions, et aimerions posséder, alors l'envie jouera pour nous un rôle productif. Mais si le prestige d'un individu est fonction de sa carte de crédit, de l'établissement où il a fait ses études ou de sa voiture, son statut n'est pas dû à son mérite. L'envie n'est pas forcément malsaine. Si elle tend dans la bonne direction, elle peut être bénéfique.

Le statut est un phénomène de groupe. Au sein d'un groupe, il y a ceux que l'on admire et ceux que l'on dédaigne. Certains sont regardés par tous les autres comme des modèles, d'autres comme des brebis galeuses. Les critères d'attribution du statut sont toutefois variables. Dans un groupe de rustres, déplorablement, on portera aux nues la brute qui sait s'affirmer. Dans un groupe qui a du savoir-vivre, le statut reflétera des qualités intrinsèques.

Par conséquent, il est primordial de bien s'entourer. En tant qu'individu, il n'est pas en notre pouvoir de contrôler les processus collectifs d'attribution du statut. Dans nos cercles électifs, nous pouvons en revanche espérer trouver ou instaurer un mode juste de distribution du statut.

L'angoisse du statut alimente les préoccupations financières. Le statut en soi n'est ni bon ni mauvais. Tout dépend de ce qu'il recouvre. Les indicateurs de statut peuvent varier des plus superficiels (marque de voiture, couleur des cheveux) aux plus profonds (sagesse, bonté). Nous avons pour devoir envers nous-même et envers nos semblables de faire en sorte que la base sur laquelle le statut est accordé soit la plus noble possible. Ainsi, tout naturellement, les tracas pécuniaires seront relégués au second plan et nous aurons l'esprit plus disponible pour des choses dignes d'attention, pour ce qui constitue le véritable fondement de la qualité de vie.

II. DE COMBIEN D'ARGENT AI-JE BESOIN ?

Essayez de décrire ce dont vous auriez besoin pour être épanoui – sans omettre vos responsabilités envers les autres. Soyez explicite. Dans un premier temps, laissez de côté toute considération financière.

Par souci de réalisme, on a tendance à se fermer des avenues sans même oser les explorer, c'est-à-dire à ne retenir que les options qui nous paraissent viables, à la mesure de nos moyens financiers. Avant tout, il convient néanmoins de définir ses besoins.

Pour cela, nous devons bien sûr faire le tri entre fantasmes et éléments appartenant au champ du possible. L'exercice prend du temps mais permet de mieux se connaître. Par exemple, pour la majorité d'entre nous, il serait ridicule de déclarer : « *J'ai besoin d'un jet privé.* » Certes, la perspective est séduisante, mais rares sont ceux qui ont besoin pour s'épanouir de se déplacer dans les airs.

Dans un second temps, essayez d'évaluer *le coût* de ce que vous estimez indispensable à votre épanouissement.

Voici l'évaluation du budget annuel qui me semble nécessaire à l'épanouissement de ma famille.

Besoin	***Éléments pour le satisfaire***	***Coût minimal (AU$)***	***Coût réel (AU$)***	***Budget idéal (AU$)****
Logement confortable	Une belle maison (de style ancien, à notre goût, suffisamment grande) ; pas trop loin de nos lieux de travail ni de l'école des enfants	27 000 (coût annuel de l'accession à la propriété)	55000	125 000
	Entretien et réparations	1 000	5 000	10 000
	Entretien et travaux extérieurs	Nous en charger nous-mêmes	2 500	10 000
	Décoration intérieure (tableaux, antiquités, bibelots, etc.)	Nous contenter de ce que nous avons	12 500	50 000
	Charges (assurance, téléphone, électricité, eau)	6 500	6 500	10 000
	Impôts locaux	650	1 250	1 850
Voyages *(autres que déplacements professionnels)*	Vacances en famille en Europe (billets d'avion en classe économique, hébergement en location)	Ne pas y aller	24 000	85 000

Sport	Adhésion au club de tennis, yoga, Pilates, leçons de voile	2 000	5 000	5 000
Éducation des enfants		5 000	24 000	24 000
Épargne pour les études supérieures des enfants		2 000	20 000	85 000
Jouets pour les enfants		500	2 000	2 000
Vêtements		1 000	3 500	12 500
Nourriture et boisson		7 000	10 000	25 000
Restaurant	Et baby-sitter	Manger à la maison	2 500	5 000
Retraites complémentaires		À voir plus tard	22 000	100 000
TOTAL	***Revenus nets nécessaires***	***52 650***	***195 750***	***550 350***

* 1 AU$ = 0,80 €

Le but de l'exercice n'est pas de réduire ses dépenses mais de déterminer avec un maximum de précision ce qui est nécessaire à notre épanouissement – en acceptant que l'on ne pourra peut-être pas se permettre de satisfaire tous nos besoins. Le résultat est douloureux. Lorsque je regarde ce tableau, je me sens un peu déprimé. Mon épouse et moi sommes beaucoup plus proches de la colonne « coût minimal » que de la colonne « coût réel », et le « budget idéal » semble inaccessible. Rien ne sert toutefois de pleurer sur son sort. Cette évaluation a pour intérêt de vous amener à porter un regard objectif sur la réalité. Partant de là, vous pourrez envisager par quels moyens répondre au mieux à vos véritables besoins.

Examinons deux cas de personnes de ma connaissance qui ont adapté leur mode de vie à leurs besoins. Ces gens-là ne dépensent pas moins qu'auparavant, mais ils allouent leur budget à ce qui leur paraît le plus important.

I. Derek et Jasmine

Derek et Jasmine sont férus d'architecture. Ils n'aiment pas seulement observer les édifices ou lire des revues spécialisées. Ils tiennent à habiter dans une bâtisse de caractère. À Londres, cela était totalement hors de leurs moyens. Il y a trois ans, ils ont donc pris la décision de partir s'installer en France, à la campagne, où ils ont pu acquérir une maison correspondant à la fois à leurs goûts et à leurs ressources.

Quitter l'Angleterre n'a pas été facile : ils ont laissé derrière eux de bons amis et Derek a dû entreprendre une reconversion professionnelle. Ils ont tout misé sur leur accomplissement personnel. Ils sont partis du principe que leur priorité était de vivre dans une grande ferme ancienne avec un verger. Aux alentours de Londres, pareille propriété leur aurait coûté des millions de livres. En Normandie, les prix étaient beaucoup plus abordables. Ils ont fait un choix : ils ont privilégié l'environnement dans lequel ils s'épanouiraient et renoncé à d'autres choses.

II. Les Jennings

Les Jennings ont quant à eux décidé de ne plus fêter Noël ni les anniversaires, de façon à pouvoir faire des voyages intéressants. Cela a été dur pour leurs enfants, d'être privés du vélo flambant neuf, des gadgets et des jouets en vogue dont tirer gloire parmi leurs camarades. Les Jennings ont fait le pari que des randonnées en Écosse ou la visite des vestiges historiques de la Turquie seraient davantage profitables à l'épanouissement familial que des cadeaux.

Dans chacun de ces cas, une somme d'argent conséquente était en jeu. Derek et Jasmine, tout comme les Jennings, se sont confrontés à un difficile questionnement : *Que voulons-nous vraiment faire ou avoir* ? Inspirons-nous de leur exemple.

Commencez par vous demander : Sur le long terme, quelles activités, expériences et possessions méritent-elles la priorité ? Les vacances sont-elles plus importantes que les cadeaux ? Le style de ma maison prime-t-il sur le lieu où elle se trouve ? Parmi la multitude de choses que je désire, lesquelles contribueront le plus à mon épanouissement ? (De ce fait, vous pouvez les considérer comme des besoins.)

Demandez-vous ensuite : Parmi mes envies, lesquelles sont moins essentielles à mon bien-être sur le long terme ? Il peut être douloureux d'établir cette hiérarchie. Certains de vos désirs devront être relégués au second plan et rester insatisfaits. Telle est toutefois la contrepartie à assumer si l'on veut consacrer ses ressources financières à ses priorités.

III. PRIX *VERSUS* VALEUR

L'une des difficultés de cette évaluation tient au fait que beaucoup de choses n'ont pas de prix fixe. Supposons qu'il soit important pour vous de vivre dans des pièces joliment meublées. Combien cela coûte-t-il ? Tout dépend de la façon dont vous vous y prenez pour trouver les meubles à votre goût. D'un point de vente à un autre, une même commode peut valoir du simple au quadruple.

Le *prix* est une affaire publique – un ajustement entre l'offre et la demande. Le prix d'une marchandise est fonction de la concurrence. Ainsi, le prix d'une voiture est déterminé par le nombre d'acheteurs potentiels, la somme qu'ils sont prêts à y mettre, et le montant contre lequel le fabricant est disposé à la vendre. Parmi tous les acteurs en jeu dans le processus collectif d'établissement du prix, il est peu probable que votre voix soit entendue.

La *valeur*, en revanche, est un jugement personnel, éthique et esthétique – rendu par un individu, fondé sur sa sensibilité, son discernement et son caractère.

Quelle valeur confère une somme d'argent donnée ? Quelle est la « valeur retour » ? Nous savons que le rapport est subjectif. Certains vivent des expériences merveilleuses pour un coût relativement minime. Ils passent des vacances fabuleuses, ils savent recevoir, possèdent des tableaux fascinants et vous leur piqueriez volontiers leurs idées de décoration. Tout cela avec un budget plus serré que vous ne l'auriez imaginé (ou inférieur à celui qu'il aurait fallu à d'autres). Ces personnes sont ingénieuses. Elles n'essaient pas nécessairement de faire des économies.

Ne vous encombrez pas d'un tapis ; achetez une belle chemise ; pas de bric-à-brac ; peignez les murs avec soin.
Wilhelm Ferdinand Bendz. *Intérieur à Amaliegade avec les frères de l'artiste*, c. 1830.

Voici les secrets des ingénieux :

1. Ils savent ce qui est important et ce qui ne l'est pas pour qu'une expérience soit réussie. Par exemple, lors d'un dîner entre amis, la plupart des gens se fichent qu'on leur serve un grand cru, et apprécient tout autant un bon petit vin, pourvu que l'ambiance soit conviviale.

2. Ils ne suivent pas la mode – qui fait grimper les prix. Ils jugent les objets, les idées et les individus sur leurs mérites intrinsèques (et non pas sur leur statut, ou sur ce que pensent les autres).

3. Ils ont un goût sûr : ils savent ce qu'ils aiment et pourquoi, et sont capables de le trouver là où d'autres n'auraient pas l'idée de le chercher.

4. Ils sont créatifs : ils repèrent le potentiel et n'hésitent pas à tout mettre en œuvre pour le réaliser. Ils possèdent le flair et le dynamisme pour cela.

Ces qualités – que l'on n'enseigne pas en cours d'économie – sont primordiales dans la vie financière.

L'argent (je le répète) est un moyen d'échange. Il doit être converti en valeur, ce qui relève plus souvent de l'art que de la science, et requiert sagesse et intelligence. Quel est le coût d'un dîner entre amis ? D'un salon agréable ? D'une toile superbe ? De vêtements seyants ? Ces choses-là n'ont pas de prix fixe, parce qu'elles varient selon la créativité, l'ingéniosité et l'indépendance d'esprit de chacun.

Peut-être êtes-vous en train de vous dire : « Très bien, mais malheureusement, je ne suis pas très créatif... » Peu importe que vous n'ayez pas l'œil d'un décorateur d'intérieur ou d'un critique d'art. Il suffit seulement d'un peu de bon sens. Prenez une sélection d'images qui vous plaisent – qui vous parlent. Et demandez-vous : quel message me transmettent-elles ? Un exemple : j'ai longtemps voulu avoir un service à thé ancien, avec des tasses et des soucoupes assorties. Mais je ne pouvais pas me l'offrir. Et puis un jour, j'ai vu la photo d'une grande table garnie de vieilles tasses dépareillées, dans une maison bohème pleine de charme. Je n'aime pas le désordre mais j'ai réalisé qu'il n'était pas important que la vaisselle soit assortie et que, achetées séparément, les tasses et les sous-tasses coûtaient beaucoup moins cher. Aujourd'hui, une dizaine d'années plus tard, j'ai une quantité de tasses et de petites assiettes que j'aime beaucoup. Ce n'est bien sûr qu'un exemple anecdotique. Mais il illustre le processus à adopter. Les indices sont là, quelque part. À nous de leur prêter attention.

Un autre exemple, plus significatif. Récemment, une maison au bout de notre rue a été mise en vente, une maison par bien des aspects différente de la nôtre. Celle où nous habitons est assez ancienne, elle a été plusieurs fois restaurée et réagencée. Elle ne correspond pas à ce que les gens recherchent actuellement. Elle n'est pas « lumineuse » ; elle n'a pas de « grande cuisine familiale » ; elle n'est pas « idéale pour recevoir » (ce qui ne nous a jamais empêchés d'y passer de belles soirées avec nos amis). Nos voisins nous regardent parfois d'un air apitoyé.

La maison du bout de la rue n'est pas très belle. Elle a à peu près la même superficie que la nôtre et son jardin est plus petit. Mais, comme on dit dans les agences immobilières, elle possède de nombreux atouts. Elle s'est vendue 50 % plus cher que ce que vaut la nôtre. La différence équivaut à mon salaire de plusieurs années. Un coup de chance. Nous adorons certaines caractéristiques de notre maison (ses recoins et ses renfoncements, les changements de niveau inattendus, ses restes de grandeur architecturale), et qu'elle soit moins cotée que celle du bout de la rue n'enlève rien à la valeur qu'elle a *pour nous.*

IV. DÉSIR ET CRAINTE

Mon père rangeait ses dossiers financiers dans un secrétaire. Parfois, je le surprenais en train de fourrer par l'abattant à peine entrouvert une poignée d'enveloppes déchirées et de papiers chiffonnés. Les tiroirs, dessous, contenaient pêle-mêle des tas de factures, documents officiels, courriers, listes, récépissés, pages arrachées à des carnets. Je voyais la honte et la culpabilité de mon père lorsqu'il ajoutait encore un peu plus de pagaille là-dedans.

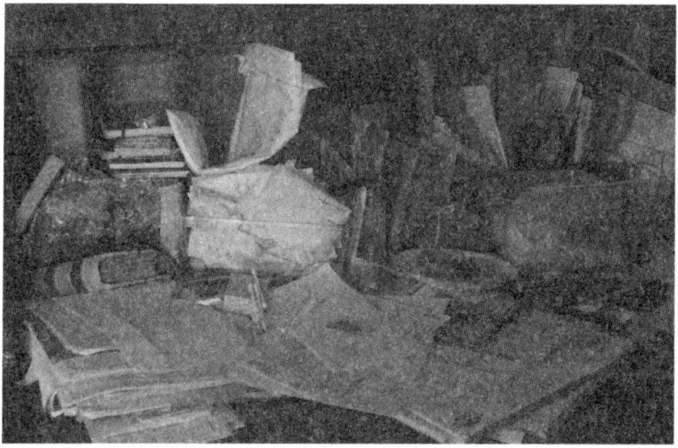

Je n'avais guère de pitié.

Je pensais qu'il était facile de tenir une comptabilité parfaitement ordonnée. À l'âge de quatorze ans – j'avais alors un revenu annuel de 26 £, ni impôts ni factures à payer, aucune honte ni aucune crainte d'ordre matériel –, j'ai commencé à consigner avec soin mes petites dépenses occasionnelles.

Voici un bref extrait de mes comptes d'octobre 1980 :

du mois de septembre		*il me reste*	20,75 £
le 3	reçu 50 p. de Papy	*ce qui me fait*	21,25 £
le 6	acheté *Penser comme un grand maître* : 2,99 £	*il me reste*	18,26 £
le 10	reçu 50 p. de Papy	*ce qui me fait*	18,76 £

Je contemplais ces lignes avec satisfaction. J'avais une écriture très appliquée. Aujourd'hui, je ne connais que trop bien le labyrinthe cauchemardesque de mon propre tiroir administratif – que je n'ouvre jamais qu'avec angoisse et tremblements. Impossible d'y trouver quoi que ce soit. Chaque fois que j'ai besoin d'une information ou d'un document, je le remue en tous sens. Évidemment, plus il y a urgence, plus je m'énerve et plus je sème la pagaille. Je suis pris dans une spirale infernale. Ma vie est fichue. J'enrage et je désespère. J'ai envie de tout jeter par la fenêtre et, tant pis, qu'advienne le désastre – les impayés, le divorce, la prison.

Pourquoi ? Pourquoi m'est-il si difficile d'adopter un système de classement simple et clair ? Pourquoi ne sais-je jamais où j'en suis, où je vais, combien j'ai dépensé, combien j'ai mis de côté (ou combien je dois) ? Serait-ce que je trouve *ennuyeux* de ranger mes papiers et de tenir des comptes ? Serais-je *paresseux* ? En principe, j'aime bien les tâches répétitives, qui ne demandent que rigueur et méthode. Si je m'écoutais, je passerais des heures à remplir des grilles de Sudoku. Quand je fais des puzzles, je suis hyper organisé (je prends plaisir à trier les pièces par forme et par couleur). Quand je joue au Monopoly, je dispose mes cartes et mon argent avec un soin maniaque. Je m'en veux donc (et mes proches aussi) de ne pas mieux ranger mes papiers et je m'enjoins sans cesse à le faire. Mais ce n'est pas parce que je suis fainéant, ni parce que la tâche me paraît fastidieuse, que je ne le fais pas. Ce ne sont là que des symptômes.

En fait, je perçois un danger à mettre le nez dans mes comptes, comme on sait d'instinct qu'il ne faut pas toucher une plaque électrique brûlante. Psychologiquement – spirituellement, imaginairement –, nous nous tenons à distance de ce qui semble menacer notre âme. Nous devons cependant nous efforcer de surmonter cette peur viscérale, ce qui implique, au préalable, de l'identifier.

J'ai peur de ranger mon tiroir administratif – un peu comme j'ai la phobie de la hauteur. Je sais que je ne devrais pas, mais c'est plus fort que moi, exactement comme lorsque je suis pris de vertige : quand bien même je ne risque absolument rien, j'ai l'impression que je vais tomber dans le vide. Et cette sensation est terrifiante.

La solution fantastique – à la fois paradoxalement et très logiquement – serait l'argent. Si j'en avais davantage, j'aurais moins peur de tenir mes comptes. Or je ne peux pas en avoir plus parce que quelque chose me gêne dans l'argent. Mon manque de rigueur résulte donc d'une relation à l'argent perturbée. Et l'angoisse générée par mon manque de rigueur ne fait qu'aggraver les choses. C'est l'un des rôles principaux de l'art (bien que ce rôle soit de nos jours négligé), que de nous aider à affronter les problèmes spirituels qui affectent notre vie quotidienne.

Aussi curieux que cela puisse paraître, le poète latin Virgile nous fournit en la matière un précieux enseignement. Sous le règne de l'empereur Auguste, entre 36 et 29 avant J.-C., il a écrit une série de poèmes sur l'agriculture, les *Géorgiques*. Ces textes constituent une sorte de manuel pratique qui indique quand labourer, comment s'occuper des ruches, cultiver la vigne, etc. L'œuvre est encore pertinente de nos jours en ceci qu'elle souligne la noblesse et le charme des petits tracas et des activités, humbles et routinières, de gestion des ressources. Elle s'adresse à ceux qui ne sont pas paysans d'instinct, aux paresseux et aux blasés qui rechignent à s'atteler aux corvées.

Certaines besognes, nous dit Virgile, comportent leurs plaisirs, indépendamment de leurs résultats. Cultivant la même idée dix-huit siècles plus tard, l'écrivain allemand Goethe affirme que la comptabilité est l'une des plus belles inventions de l'esprit humain. Car quel que soit le montant des entrées et des sorties, le fait de les consigner méthodiquement offre la satisfaction spirituelle de la précision. Virgile était un personnage respecté, qui exerçait un grand ascendant sur ses contemporains. Il profite de son charisme pour valoriser, par ses écrits, ce que l'on considère couramment comme trivial – que faire quand il pleut, par exemple (compter ses sacs de grain, confectionner des paniers, réparer la charrue, moudre le maïs). Il entremêle conseils pratiques et réflexions sur le sens de la vie. Le matériel rejoint le spirituel. En effectuant des tâches prosaïques, on peut donc contribuer à une entreprise noble. Et la tâche cesse de paraître futile.

Isoler une corvée de son contexte ne la rend pas plus facile. C'est, je crois, ce que s'imaginait mon père en gardant son secrétaire fermé. Il cachait ce qui lui paraissait fastidieux, ennuyeux et dérangeant, de façon à ne pas contaminer le reste de son existence. Virgile et Goethe adoptent l'attitude opposée. Ils placent les activités contraignantes au centre de leur conception du moi.

Dans l'un de ses poèmes, Virgile évoque le rythme de travail. Nous sommes en automne :

Le soleil tous les ans recommence son cours :
Ainsi roulent en cercle et ta peine et tes jours.
Même lorsque le cep, privé de sa parure,
Cède aux froids aquilons un reste de verdure,
Déjà le vigneron, reprenant ses travaux,
Bien loin vers l'autre année étend ses soins nouveaux ;
Déjà, d'un fer courbé, la serpette tranchante
Taille et forme à son gré la vigne obéissante.
Veux-tu de ses trésors t'enrichir tous les ans ?
Prends le premier la bêche et les hoyaux pesants ;
Retranche le premier les sarments inutiles ;
Le premier jette au feu leurs dépouilles fragiles ;
Renferme leurs appuis ; remets-les le premier :
Pour boire du nectar, vendange le dernier.

Le labeur qu'il décrit ne semble en rien facile. En fait, il célèbre le travail en le rattachant à de plus vénérables aspects de l'existence. Il parle de mythologie, des saisons, de religion, de la sagesse et de la prévoyance du bon fermier, qui respecte chaque étape nécessaire à la culture du sol.

On peut faire le parallèle entre l'incessant travail de la terre et l'organisation comptable, et imaginer ainsi une ode moderne au rythme de l'année financière : ... *Voilà que les dernières hirondelles s'en vont, et que les premières bourrasques d'hiver secouent ton toit. L'heure est venue pour toi de mettre de l'ordre parmi factures et relevés. En chemin, demain, quand tu rentreras du travail, arrête-toi dans un bazar et procure-toi deux caisses en bois, de dimensions adéquates pour y ranger des documents A4. Avant le coucher du soleil, rends-toi aussi dans une papeterie et achètes-y des chemises à rabats, de la couleur de l'espoir. Dîne tôt, puis étale devant toi tous tes papiers sur le tapis. Sépare-les en deux tas, comme Dieu sépare le bon grain de l'ivraie. Classe-les ensuite par date. Procède lentement. Et lorsque tu auras terminé, offre donc une libation à Apollon, qui aime l'ordre et la clarté. Le second soir, consacre ton esprit aux calculs. Le troisième, consigne tous les chiffres dans un cahier. Ainsi tu échelonneras tes obligations sur l'ensemble de la saison.*

Virgile dignifie l'instruction – il suppose que vous êtes une personne éduquée, cultivée, réfléchie, sensible (autrement dit, normale). Il ne se positionne pas en donneur de leçons, mais en poète et en philosophe.

La finance domestique est un art – un art politique mineur. Cultiver cet art est gratifiant. L'ordre possède son *esthétique* – une beauté physique dégagée par la netteté et la clarté – comparable à l'harmonie du tableau périodique des éléments chimiques, d'une équation mathématique ou des notes de musique composant une sonate, une beauté classique.

Je crois qu'il est primordial de séparer la tâche d'organisation de celle d'analyse, car ce sont deux activités psychologiquement très différentes. Tenez vos comptes comme vous rangeriez une collection de coquillages, de cartes postales, ou comme vous classeriez les papiers de quelqu'un d'autre. Quant à l'examen de votre situation financière, il me semble que la meilleure méthode consiste à procéder graduellement, par étapes. On ne peut pas tout régler à la fois. Il n'est pas possible de tout attaquer de front. Comme dans n'importe quel apprentissage – celui d'une langue étrangère, par exemple, d'un instrument de musique ou d'une discipline sportive –, en voulant tout aborder trop tôt et trop intensément, le débutant risque de voir ses efforts réduits à néant, et de n'en retirer que de l'humiliation.

Virgile tente de combler le fossé entre contraintes et accomplissements gratifiants. Il revêt de prestige et de charme culturels les activités les plus ordinaires, de façon à ce qu'elles paraissent plus attrayantes et que l'on ait envie de s'y adonner. Dans cet état d'esprit, vous prendrez du *plaisir* à faire ce qui est important et bénéfique pour vous.

VI. COMMENT SE FAIRE DE L'ARGENT ET ÊTRE EN MÊME TEMPS UNE BONNE PERSONNE

I. AVOIR ET FAIRE

Au tout début de ce livre, j'ai cité parmi les craintes les plus fréquentes que nous avons vis-à-vis de l'argent celle qu'il soit pareil à un « virus » (*cf.* p. 19). Cette peur générale, sociétale, peut se manifester sous une forme très personnelle : *À moins de vendre mon âme, je ne gagnerai jamais de quoi satisfaire mes besoins.* Quand je tente d'évaluer combien il me faudrait pour vivre une vie épanouissante (et non pas seulement m'en sortir), les chiffres atteignent des sommets effrayants. Comment pourrais-je me procurer autant d'argent ?

Formulons les choses autrement : si je fais le choix d'exercer un métier qui me plaît, je n'aurai jamais les moyens de mener l'existence à laquelle j'aspire.

Une angoisse similaire assaille les parents lorsqu'ils écoutent leurs enfants se projeter à l'âge adulte. Typiquement, l'expérience se traduit peu ou prou ainsi :

LE FILS, sept ans : — J'aurai cinq Land Rover, et un hélicoptère, et deux piscines, et un trampoline géant, et...

LE PÈRE ou LA MÈRE : — Très bien. Mais comment feras-tu pour te payer tout ça ? Tu auras un bon métier ?

LE FILS : — Oui, je serai chauffeur de bus.

Dans leur candeur, les enfants ne font pas le lien entre activité professionnelle et salaire. Le garçonnet de sept ans s'imagine que d'une fonction plaisante ne peuvent découler que des avantages. En substance, son attente est la suivante : « Je veux être généreusement récompensé pour passer du bon temps à être moi-même. » Voilà pourquoi les enfants veulent tous devenir champion sportif ou top model. Ce désir est naturel. Malheureusement, pour réussir dans ces domaines, il faut avoir des dons ou une chance exceptionnels.

Les enfants peuvent aussi nourrir des aspirations plus matérialistes, ce qui engendre chez les parents d'autres inquiétudes :

LE FILS, sept ans : — Quand je serai grand, je serai agent immobilier.

LE PÈRE ou LA MÈRE : — Pourquoi ?

LE FILS : — Parce que les agents immobiliers gagnent beaucoup d'argent.

En poussant plus loin l'interrogatoire, on se rend compte que le choix de l'enfant repose sur une simple notion de grandeur : plus les biens vendus sont gros, pense-t-il, plus la rétribution est importante. Dans sa tête, l'argent est également synonyme de bonheur. Et l'on s'aperçoit que l'enfant serait volontiers devenu braqueur de banques si cela ne comportait autant de risques. Certes, c'est en toute innocence que les enfants rêvent d'une carrière le plus lucrative possible, mais il y a là quelque chose de pathétique.

Les enfants ont du monde une vision simpliste. Dans leur imaginaire, un seul paramètre est nécessaire : il suffit de faire ce que l'on aime pour être riche ; et inversement, pourvu que l'on soit bien payé, l'âme sera comblée.

Or dans la réalité, nous devons concilier deux paramètres : gagner suffisamment d'argent (pour satisfaire nos besoins), tout en exerçant une activité qui nous permette de rester fidèle à nous-même, qui donne du sens à notre vie et contribue au bien collectif. On peut bien sûr se ficher du sens de la vie et du bien collectif. Et on peut aussi se moquer d'avoir ou non beaucoup d'argent. Mais la plupart des gens tiennent à ce que ces deux conditions soient réunies.

Ce que l'on a est indissociable de ce que l'on fait, pour la simple et bonne raison que l'un et l'autre sont essentiels à l'épanouissement.

Ce que nous faisons dans la vie participe de notre identité. Nous consacrons à notre travail, notre source de revenus, une part importante de notre énergie mentale et de nos ressources émotionnelles, puisque nous faisons preuve dans nos fonctions professionnelles de courage, d'audace, de prudence, que nous prenons des engagements et des responsabilités. Notre activité doit donc *mériter* tous ces efforts. Il serait dommage de réserver le meilleur de nous-même aux marges et aux week-ends de la vie.

En parallèle, il n'est pas vain, comme je l'ai déjà souligné, de s'interroger sur ce *à quoi* nous destinons notre argent. Les opportunités et les possessions qu'il nous offre ont parfois à nos yeux une importance non négligeable.

Voici la manière dont souvent nous nous représentons, peut-être inconsciemment, la relation entre satisfaction et rémunération :

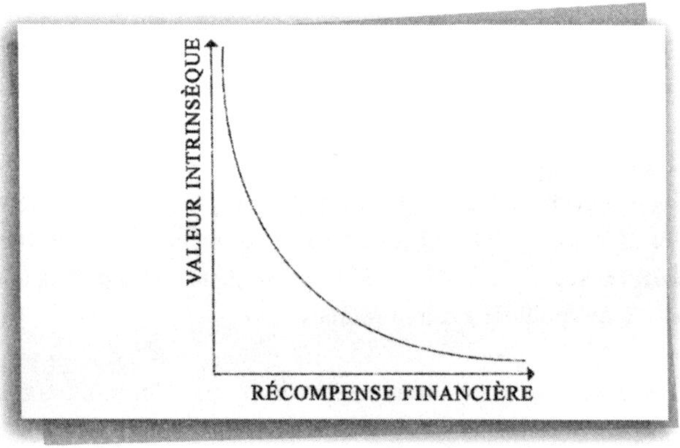

Pensez au gestionnaire de fonds spéculatifs qui récolte des sommes faramineuses pour une activité sans grand mérite intrinsèque. Et à l'instituteur qui aide un enfant timide à s'affirmer, mais ne perçoit qu'un très modeste salaire en échange de ce travail si louable.

Dans une économie utopique, la relation serait celle-ci :

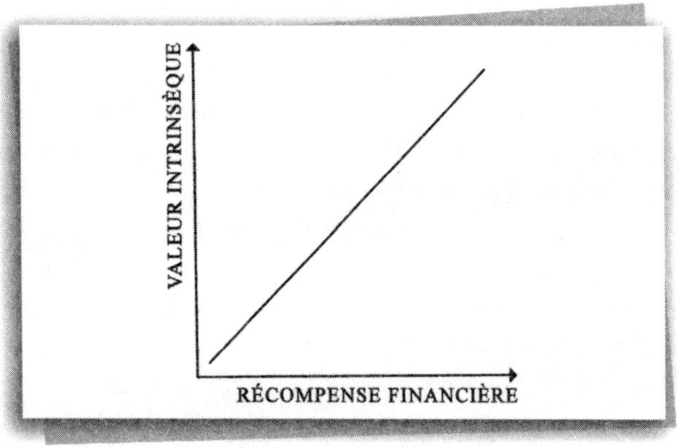

À un niveau individuel, c'est ce que nous nous efforçons d'accomplir. Or ce qui a une valeur intrinsèque n'étant pas seulement ce qui est bon pour moi, mais ce qui est bon dans *l'absolu*, entre aussi en jeu la notion de service public. Il n'est pas cupide de vouloir gagner beaucoup d'argent, si cet argent a des actions bénéfiques pour nos semblables.

Lorsque je me suis installé à Londres, au début des années 80, j'avais l'impression que tout le monde, sauf moi, avait de l'argent plein les poches. Fraîchement diplômé en philosophie, je ne savais pas quoi faire de ma vie. Je partageais avec mon cousin une chambre minuscule (quatre mètres carrés) dans un quartier populaire au sud de la Tamise. J'avais un petit job de serveur – l'impatience des clients, quand leurs plats tardaient à arriver alors que je n'y étais pour rien et que je faisais de mon mieux pour les satisfaire, me tirait des larmes de rage et d'humiliation.

J'ai commencé une thèse, m'endettant ainsi encore un peu plus. Le soir, après les cours, je sortais parfois boire une bière avec mes camarades. Pour économiser le prix du trajet en métro, je rentrais ensuite à pied, à travers des quartiers sinistres et délabrés. Mon ami Chris, qui faisait de brillantes recherches sur Nietzsche, travaillait à temps partiel chez Harrod's, où il mettait en rayon la marchandise. Son frère lui a un jour fait cette remarque acerbe : « *Toutes ces dissertations sur le sens de la vie... pour ranger des bocaux de confiture.* » Une manière plutôt brutale de lui signifier que ses capacités, pourtant estimables, ne correspondaient pas aux nécessités de l'économie. Chris avait besoin d'argent. Mais il aspirait aussi à autre chose. Il voulait vivre dans un monde où ses talents trouveraient de meilleurs débouchés – un meilleur marché, pourrait-on dire.

Le « capitalisme » est souvent qualifié de système corrompu. Il y a néanmoins de fortes chances pour que nous devions nous en accommoder pendant encore longtemps. Cruelle perspective, peut-être, mais il ne semble pas y avoir d'autre option. D'où un pessimisme ambiant. C'est pourquoi il me tient à cœur de vous fournir quelques outils qui vous aideront à porter un regard un peu moins désespéré sur la situation.

Inquiétudes personnelles et générales sont liées, en ceci qu'elles découlent du même problème : le sentiment d'une trop grande difficulté à prospérer financièrement tout en restant une bonne personne. Nous redoutons de ne pouvoir concilier les deux.

II. CE QUE REX N'A PAS COMPRIS ET AUTRES LEÇONS

Mon ambition est de vous montrer comment la recherche du profit, individuel et collectif, peut être associée à la poursuite d'idéaux nobles. Est-il possible de gagner de l'argent tout en répondant aux besoins les plus élevés de l'humanité ?

La réponse à cette question passe par une réflexion sur la notion de profit. Communément, on cherche à réaliser du profit pour satisfaire des besoins élémentaires et d'ordre intermédiaire. Le profit peut toutefois aussi combler des besoins spirituels.

En outre, s'interroger sur les sources de profit permet de démystifier les processus d'enrichissement. On entend encore que l'accumulation de richesses provient de l'exploitation, ou que certains hommes « se font de l'argent » au détriment de leurs semblables. (Une idée qui va de pair avec le mythe selon lequel la richesse serait la cause de la misère.)

Dans cette optique, posons-nous les questions suivantes : Quels moyens de gagner de l'argent vous paraissent satisfaisants ? Pour quelles raisons ?

À titre d'illustration, j'en citerai quatre que voici.

1. La leçon de la carte Chance

Dans la version du Monopoly à laquelle nous jouons, il y a une carte Chance qui dit : « *Vous achetez une aquarelle sur le marché de Camden et réalisez un énorme bénéfice en la revendant. Touchez 200 000 £.* » Cette carte reflète l'une des conceptions les plus basiques de l'enrichissement.

Au milieu de ce bric-à-brac, sans le nom de l'artiste, sans cadre, cette petite toile ne présente pas de marqueurs visibles de désirabilité et de valeur. L'œil averti reconnaîtra néanmoins les caractères distinctifs qui font sa valeur financière – le style, le coup de pinceau, la qualité de l'exécution. Encadrée, avec un nom célèbre sur une plaque, dans une galerie chic de Mayfair, n'importe qui se douterait que cette peinture coûte très cher.

Ne pas avoir de préjugés est une vertu primordiale – on ne juge pas les choses par rapport à leur environnement, mais pour ce qu'elles sont intrinsèquement. Dans notre société, ce principe est cependant loin d'être toujours appliqué. Et certains s'enrichissent en repositionnant l'objet selon des marqueurs de valeur secondaires.

C'est également une qualité que de savoir créer le contexte approprié. Que faire de l'objet pour que sa valeur paraisse évidente au plus grand nombre ? La galerie de Mayfair évoquée plus haut a trouvé la réponse. (Bien sûr, ce processus trouve son opposé moral dans le charlatanisme, qui déploie des marqueurs de valeur secondaires en l'absence de valeur véritable.)

Dénichez le trésor inestimable.

II. Ce que Rex n'a pas compris

Dans *Retour à Brideshead*, le roman d'Evelyn Waugh, le personnage principal, Charles, sort dîner durant son séjour à Paris avec Rex Mottram, un politicien sans scrupules qui cherche à s'enrichir par tous les moyens.

Charles est l'invité de Rex qu'il emmène cependant dans son restaurant favori. Tout se passe pour le mieux, Rex apprécie les plats qu'on lui sert. Mais tout à coup, il déclare que l'établissement pourrait être beaucoup plus rentable si « *quelqu'un le prenait sérieusement en main* ». Nous savons quelle conséquence cela aurait. Le restaurant perdrait son authenticité, il deviendrait prétentieux, les prix augmenteraient, il se conformerait à la mode en cours. Charles est atterré. Et l'on est tenté de partager sa consternation, de blâmer le mercantilisme, apanage de gens qui comme Rex, sont âpres au gain et dépourvus de sensibilité. La recherche du profit effraie parce qu'on l'associe à la dépréciation et à l'avilissement du bien commercialisé. Ce qui était initialement charmant et intime devient un vulgaire produit de consommation de masse. Et ce danger est réel.

Mais on peut regarder les choses sous un autre angle. Tel quel, ce restaurant a de nombreux points forts. Et il est, à l'évidence, nettement meilleur que bien d'autres. Celui qui prend le parti de Charles devrait souhaiter qu'il existe beaucoup plus de restaurants comme celui-ci, que ses atouts soient la norme et non pas l'exception. Pourquoi cet établissement est-il exceptionnel ? Parce que rares sont ceux qui savent aménager un cadre raffiné, élaborer un menu et maintenir un haut standard de qualité, créer une atmosphère invitant les clients à l'élégance et à l'émulation.

Nous devrions désirer que ce savoir-faire soit plus répandu, qu'il soit le modèle dominant. Pour retirer du bénéfice d'un bien, il faudrait avant tout déterminer en quoi ses qualités intrinsèques peuvent rapporter. Comment, par exemple, l'intelligence des propriétaires du restaurant de *Retour à Brideshead* pourrait-elle présider à la gestion d'un bar ou d'un hôtel ? Cet épisode du roman d'Evelyn Waugh m'a beaucoup donné à réfléchir. Auparavant, j'étais persuadé qu'il n'y avait au monde que les Rex pour faire du commerce. Si bien que je ne m'étais jamais demandé comment les choses que j'appréciais pouvaient se vendre. Je ne m'en rendais pas compte, mais j'avais une tournure d'esprit déplorable. Je voyais le profit comme un ennemi – ce qui revenait à concéder pouvoir et influence à tout ce que je détestais.

Inconsciemment, je pensais que le bon ne pouvait pas être rentable ; que les bons films étaient réalisés à perte ; que la poésie la plus noble ne se vendait pas. Dans cette logique, les œuvres de qualité, profondes, ne pouvaient exister que grâce aux subventions publiques. Je comptais sur les politiciens pour préserver le beau et le sérieux de la grande consommation. Il m'a fallu du temps pour m'apercevoir que la politique n'était qu'un piètre mécanisme pour assurer cette fonction. La politique reflète les préoccupations dominantes d'une société, les esprits des ambitieux politiciens sont focalisés sur la victoire électorale – et s'efforcent par conséquent de répondre aux attentes de groupes d'électeurs soigneusement ciblés. Dans l'absolu, la promotion du beau, du bon et du vrai devrait être un objectif politique de premier rang – autrement dit, une grande mission collective. Hélas les gouvernements, assujettis aux contraintes du processus politique, ne seront jamais les ambassadeurs les plus puissants de ces idéaux. C'est donc à ceux qui souhaitent les faire prospérer qu'il incombe d'intervenir sur les marchés de la culture.

III. La leçon du Landmark Trust

Fondé dans les années 60 au Royaume-Uni, actif aujourd'hui en France, en Italie et aux États-Unis, le Landmark Trust offre un exemple dont s'inspirer. Cette association à but non-lucratif s'est donné pour mission de sauver de la ruine ou de la démolition des bâtiments de cachet dont l'intérêt historique et architectural ne justifie pas une intervention de l'État et une inscription au patrimoine national. Le Landmark Trust loue donc ces demeures, à un prix certes onéreux, mais permettant leur restauration et leur entretien.

L'objet vendu – en l'occurrence des vacances dans l'un de ces sites – est une expérience magnifique. Les demeures sont meublées et décorées avec sobriété et raffinement. Le risque, en les intégrant dans un processus commercial, était de sacrifier leur authenticité et leur charme. Mais l'association a su comprendre quelle était leur réelle valeur, et ce n'est rien d'autre que cette valeur qu'elle met sur le marché. Le Landmark Trust a trouvé un moyen de faire prospérer le bon en le commercialisant.

Étroitement associé à celui de « commercialisation », le terme « marchandisation » est souvent employé avec une connotation négative, péjorative, pour désigner un phénomène déplorable. Ce n'est toutefois que contre la marchandisation médiocre que nous devons lutter. La marchandisation consiste simplement à transformer une expérience ou un objet non marchand en un produit quantifiable pouvant être échangé

Un résultat de la marchandisation et de la recherche du profit.

sur un marché. Par exemple, lorsque la ville d'Édimbourg s'est développée et que l'on a créé New Town, entre 1785 et 1825, des critères d'aménagement du territoire ont été établis. On pouvait acheter un terrain mais on n'avait le droit d'y bâtir qu'un certain type de construction, répondant à des critères spécifiques. La marchandisation n'a pas dans ce cas entraîné la corruption spirituelle de la nation, ni la détérioration de l'environnement. Au contraire, elle a été la base économique qui a permis la création de quartiers résidentiels parmi les plus beaux du monde.

Les critères de construction s'inscrivaient dans une conception très éclairée de l'architecture urbaine. Par chance, l'aménagement de la nouvelle ville a été confié à des fonctionnaires exceptionnellement compétents, qui possédaient à la fois le goût du beau et le sens de la finance.

Le problème de la marchandisation n'est pas la standardisation des critères de qualité, ni l'attribution à un bien d'une valeur marchande permettant de l'échanger sur un marché. Ces critères de qualité et cette valeur marchande ne deviennent gênants que s'ils ne reflètent pas les mérites de l'objet proposé à la vente. Une chambre d'hôtel standardisée, par exemple, souffre en général d'un manque d'âme, parce qu'on a pris pour norme les aspects neutres de l'hébergement hôtelier. Avec plus de bon sens et de sensibilité, nous pourrions standardiser l'hospitalité et l'intimité.

IV. La leçon d'Henry Ford

L'« industrialisation » est la réorganisation d'un travail, à l'origine effectué par plusieurs petits artisans indépendants, de façon à augmenter la productivité. Les débuts de la construction automobile illustrent le processus type de l'industrialisation. Initialement, plusieurs petites compagnies fabriquaient chacune un nombre limité de voitures. Henry Ford a révolutionné les méthodes de production de façon à accroître la productivité et, ainsi, à baisser le prix de vente des véhicules.

Par romantisme, nous avons tendance à pencher en faveur des petites entreprises. Et à considérer l'industrialisation comme une détestable nécessité économique, incompatible avec nos aspirations les plus nobles. Nous la jugeons acceptable pour le secteur automobile, mais inapplicable à celui des relations interpersonnelles.

Prenons l'exemple de la psychothérapie. Elle est aujourd'hui exercée par un grand nombre de praticiens, à petite échelle. Il existe diverses écoles de psychothérapie, de qualité variable, suivant chacune son propre programme de formation. Les thérapeutes reçoivent leurs patients à domicile, dans des suites hôtelières ou des cabinets de consultation. Ils ont une réputation d'excentricité, tant dans leur tenue vestimentaire que dans leur comportement. Leurs techniques de soin, d'une efficacité douteuse, sont auréolées d'un voile de mystère. La partie plus organisée de la profession est rattachée à la médecine et ne traite (comme c'est le rôle de la médecine) que des pathologies graves. La psychothérapie est un processus onéreux, un peu embarrassant, lent et incertain.

Il n'empêche qu'il s'agit d'une activité humaine d'une indéniable importance. Un grand nombre de gens souffrent de troubles psychiques : problèmes relationnels, mélancolie, pessimisme, colère improductive. « Dépression silencieuse », « dégoût de la vie » sont des expressions qu'on entend couramment. Nous assumons quand même le quotidien, mais aspirons à une condition meilleure. La psychothérapie est censée nous fournir de l'aide. Si nous parvenons à trouver le bon moyen de gérer notre vie intérieure, alors ces troubles s'apaiseront. Nous entretiendrons des relations plus satisfaisantes, nous ferons des choix plus avisés quant à l'orientation que nous souhaitons donner à notre existence, et nous exploiterons nos capacités de façon plus productive.

On pourrait donc appliquer le fordisme (le mode d'organisation du travail instauré par Henry Ford pour la production de la Ford T) aux besoins de notre vie intérieure. Une meilleure formation pourrait être offerte aux psychothérapeutes si leur carrière était plus assurée. S'ils avaient les ressources nécessaires pour promouvoir leur profession, une approche globale commune de leur discipline, si leurs bureaux étaient plus élégants, leur image serait redorée. Et, oui, ils pourraient gagner davantage d'argent. Tout n'est qu'affaire d'échelle et d'organisation. Voilà la sagesse de l'industrialisation.

V. La leçon d'Aristote

En ouverture de l'*Éthique à Nicomaque*, Aristote analyse la relation entre fin et moyens. « *Tout art et toute recherche, de même que toute action et toute délibération réfléchie, tendent, semble-t-il, vers quelque bien* », dit-il. Par conséquent, on ne peut comprendre une activité, ou une entreprise, qu'en connaissant le bien qu'elle vise.

Autrement dit, il convient de d'abord connaître la fin, avant de déterminer par quels moyens l'atteindre.

La plupart des activités sont organisées en plusieurs étapes. Si l'exemple cité par Aristote paraît aujourd'hui désuet, il faut toutefois le replacer dans le contexte de l'époque. « *À l'art de l'équitation sont subordonnés l'art de fabriquer des mors et celui de tout ce qui concerne l'équipement du cavalier ; ces arts, à leur tour, ainsi que toute action liée à la guerre, dépendent de l'art militaire.* » L'art militaire dépend lui-même de la politique, l'art suprême pour bien gouverner une société.

La logique de l'argumentation est claire : un bon mors facilite la conduite du cheval ; si l'on peut bien guider sa monture, on peut participer de manière efficace aux actions militaires. Mais ce n'est pas le cavalier qui définit « l'efficacité » des opérations militaires. C'est l'art des stratèges que de coordonner les manœuvres de la cavalerie. La stratégie militaire est elle-même soumise à l'art de la politique. On ne livre pas des guerres dans le seul but de gagner des batailles, mais afin d'assurer la sécurité et la prospérité d'un État. Ces fins ne relèvent pas de l'art militaire mais de la politique.

À chaque étape d'un processus, il est donc essentiel de se demander : quel bien cherche-t-on à accomplir ? Comment telle ou telle chose doit-elle être faite pour nous apporter un véritable plus ?

Que la « fin », ou le but, doive être un bien constitue la clé de voûte du raisonnement d'Aristote. Quel bien vise telle activité ou telle recherche ? Nous touchons là au domaine de l'éthique, la branche de la philosophie s'attachant à définir le bien. C'est pourquoi les questions d'argent sont toujours des questions d'éthique.

Aristote élabore une théorie de grande importance pour toute entreprise humaine, et qui a été adoptée par les penseurs de l'économie sous l'appellation d'« intégration verticale » : c'est la stratégie consistant pour une firme à devenir propriétaire de ses divers fournisseurs. L'idée vient néanmoins d'Aristote – bien que, dans son modèle, les différents intervenants n'œuvrent pas pour un magnat de l'industrie mais pour un noble idéal.

S'il est un secteur qui aurait tout à gagner d'une telle intégration verticale, c'est celui de l'art. Aujourd'hui, les gens se disent « intéressés par l'art ». Ils suivent une formation artistique, développent leurs idées, puis cherchent à se faire exposer. Les galeries recherchent des œuvres vendables et s'efforcent de faire connaître les artistes. Les collectionneurs suivent leurs inclinations et, pour des raisons qui leur appartiennent, font la carrière de certains artistes en achetant leurs œuvres. Parfois, les institutions publiques soutiennent, voire canonisent certains artistes. Divers systèmes de publicité peuvent contribuer à la promotion des artistes : critiques, interviews dans la presse, etc. Et, quelque part à l'arrière-plan, on débat de la nature et de la valeur de l'art.

En comparaison avec celui d'Aristote, ce système oublie la question essentielle : quel bien l'art sert-il, et comment pourrait-on mieux servir ce bien ? Si l'on commençait par répondre à ces questions, les galeries et les écoles d'art auraient un but clair, qui prévaudrait au recrutement des acteurs de ces structures.

Quelle conclusion tirer de ces exemples et analyses ? Je n'ai pas de conseils à vous donner, cet ouvrage n'est pas un guide pratique pour s'enrichir. J'essaie seulement de vous montrer qu'il existe différents moyens de gagner de l'argent, dont certains sont meilleurs que d'autres. Avant de porter un jugement sur la réussite financière d'autrui, il faut donc toujours se demander *comment* la richesse a été acquise, et non pas seulement à *combien* elle s'élève. Qui a fait fortune en servant les intérêts les plus nobles de l'humanité est digne de compter parmi nos amis – métaphoriquement parlant. Et sans être nécessairement anti-argent, nous sommes en droit de critiquer la recherche du profit pour le profit.

Comment nous positionnons-nous vis-à-vis des réussites et des échecs financiers de nos semblables ? Cette question, me semble-t-il, bien que trop souvent éludée, mérite qu'on se la pose. Bien des gens, ai-je constaté, lorsqu'ils parlent d'argent, affichent des opinions tranchées : on l'adule ou on l'abhorre. Les études de cas telles que celles que je viens de vous présenter me confortent dans mes sentiments. Je sais quand et pourquoi j'admire la création de richesse. Et cela me laisse libre de me montrer critique si je l'estime nécessaire, sans avoir l'impression d'être amer.

De ces leçons, je retire encore un autre enseignement. Dans mon travail, je suis amené à réfléchir sur la manière dont les universités, sans pour autant devenir des établissements à but lucratif, pourraient accroître leurs ressources financières. La plupart de mes collègues trouvent cela lamentable. Pourtant, les exemples cités plus haut montrent que la recherche du profit peut être une activité noble et ouvrent de nouvelles pistes à l'imagination. Nous ne sommes pas obligés d'adhérer aux idées d'un équivalent universitaire de Rex Mottram. Essayons plutôt de ressembler au Landmark Trust.

Il n'est pas naïf de penser qu'on puisse concilier poursuite du profit et accomplissement du bien. Certes, ce n'est pas facile, mais qu'à cela ne tienne : travailler, c'est résoudre des problèmes épineux.

VII. MA PLACE DANS LE TABLEAU D'ENSEMBLE

I. LES REVERS DE LA RICHESSE

Le sentiment de richesse – ou de pauvreté – est un sentiment relatif. Quand je me promène dans l'Upper East Side, à New York, je me sens pauvre, alors qu'il peut être étrangement réconfortant de traverser une banlieue ou un quartier défavorisés. Ce parce que nous avons tendance à nous comparer aux autres.

Le désir de richesse étant quasi universel, et presque toujours frustré, il est extrêmement important pour nous, en tant qu'individus et collectivement, de ne pas sous-estimer les inconvénients de la fortune.

Nous sommes enclins à les oublier : « Pourquoi devrais-je plaindre les riches ? », se dit-on. L'idée n'est pas de porter un jugement moral sur eux, mais de nous équiper pour vivre à la mesure de nos moyens, sans envier vainement ceux qui nous semblent mieux lotis que nous.

I. Les revers de l'héritage

Un gros héritage est un cadeau empoisonné : « *Je t'ai légué ces biens ; jusque dans ma tombe, j'exerce un contrôle sur ta vie : tu jugeras désormais ton existence selon mes critères ; je possède une mainmise sur ton âme, tu dois le respect à tes ancêtres.* » La barre du succès est maintenant très haute.

Les nantis par héritage sont sujets à la culpabilité. La question « pourquoi moi ? » ne manquera pas de se poser à un esprit réfléchi. (Ne pas se poser de questions est également une tare, bien que d'un autre genre.) Il n'y a pas de réponse immédiate. On ne choisit pas ses parents. Ce n'est que pure chance si certains sont les héritiers d'une riche famille – néanmoins, comme ils n'ont pas « gagné » leur fortune, ils peuvent estimer ne pas avoir le droit moral d'en jouir.

Ces personnes excitent naturellement l'envie. Elles sont en permanence confrontées à des non-dits du type : « *Tout t'est tombé tout cuit dans le bec alors que nous autres, nous sommes obligés de trimer.* » La voix de la jalousie souffle à l'héritier d'une grande fortune : « *Je te déteste ; je veux ce que tu as ; tu ne le mérites pas, moi si ; j'espère que tu as des remords ; moi, en revanche, si j'avais ce que tu as, je serais le plus heureux des hommes.* » Savoir que l'on puisse penser cela de vous doit être très déstabilisant.

Dans ces conditions, quelle attitude adopter lorsqu'on a hérité d'une coquette somme ?

1. Beaucoup de bienfaits sont répartis inéquitablement : la beauté physique, les aptitudes sportives, la santé, la constance de caractère, la curiosité et les capacités mentales, la faculté d'adaptation, l'aisance en société, l'intelligence, la sagesse, l'affection parentale, etc. L'héritage financier n'est qu'un de ces bienfaits parmi tant d'autres, et non un cas à part.

2. Parce que vous n'y êtes pour rien si vous avez touché un héritage, essayez de vous défaire de toute superstition quant à vos droits à en jouir.

3. Acceptez de ne pas être jugé objectivement. De toute façon, on ne l'est jamais, héritage ou pas.

II. L'envie

La fortune ne préserve pas de l'envie. On trouve à ce propos un passage édifiant dans le journal intime de Chips Channon, un riche Américain qui a vécu à Londres dans les années 30. Il habitait une demeure somptueuse, donnait des réceptions fastueuses et menait une existence – en apparence – idyllique.

Il relate un séjour à Mentmore Towers, le majestueux manoir des Rothschild. « *Je suis, je le crains, malade de jalousie* », écrit-il. (Le lendemain d'une soirée arrosée, il a fracassé un pot de chambre doré à l'or fin ayant appartenu à l'Empereur Napoléon.)

Malgré tout ce qu'il possédait, Channon était quand même rongé par l'envie. Moralité : l'argent n'a pas le pouvoir libérateur qu'on lui prête. Retenez cette leçon, elle vous tiendra lieu de ceinture de chasteté psychologique. Les riches *souffrent*. Leur lot, par conséquent, ne résoudra pas mes problèmes.

L'homme qui habitait ici...

... fit une crise de jalousie quand il séjourna là.

III. La débauche

L'abondance d'argent lève bien des barrières. Tout est possible quand on peut dépenser sans compter. Pourtant, cruellement, cette liberté ne procure souvent qu'insatisfaction. La relation entre désir et épanouissement est très imparfaite. Le désir tend vers le plaisir. Tandis que le sentiment d'une vie réussie dépend du bien que nous accomplissons. Pouvoir assouvir le moindre de ses caprices nuit à l'effort, à la concentration, à l'investissement personnel, à la patience et au sacrifice de soi nécessaires à la poursuite de buts louables.

Celui qui peut se permettre de déjeuner tous les jours au restaurant et de boire deux bouteilles de champagne doit se modérer, s'il veut mener une vie décente. Constamment, il doit lutter contre les tentations. Champagne et repas au restaurant sont certes alléchants. Mais ne mènent nulle part. À tout instant, on peut sauter dans un avion et s'envoler vers une destination lointaine, mais quel intérêt ? « *Ce soir, je dormirai à Venise. Non, Paris est une ville magnifique, si j'allais plutôt à Paris ?* » Rien n'est jamais assez. « *Mon jet privé est trop petit ; mon île n'a pas des contours parfaits ; je veux le bonheur familial et vingt-trois maîtresses ; quand quelqu'un me déplaît, j'ai envie de le détruire, et j'en ai la possibilité ; le Gouvernement veut me dépouiller ; je n'ai aucune confiance en mes avocats et mes conseillers financiers : ils ne cherchent qu'à me pomper.* »

IV. Le sous-accomplissement

On dit souvent des riches – au moins de ceux qui se sont enrichis par eux-mêmes – qu'ils ont « bien réussi ». Bien réussi financièrement, certes, mais qu'ont-ils accompli d'autre ?

Historiquement, des richesses ont été mises à profit de manière admirable. L'accomplissement se mesure donc en référence à ce que certains ont *fait* de leur argent. Un individu fortuné a réalisé ceci :

Quels pouvoirs créatifs et économiques ont permis la construction de cet édifice ?

La Radcliffe Camera, à Oxford, en Angleterre, qui abrite aujourd'hui des salles de lecture, a résisté à l'épreuve du temps et a été une source d'inspiration – un symbole de l'union entre grâce et érudition – pour une multitude de personnes. Il a bien sûr fallu de l'argent pour bâtir cette bibliothèque, mais pas seulement. Beaucoup de gens ont largement les moyens de faire construire un monument semblable. Mais ils n'en ont pas l'idée. Proportionnellement à leurs ressources, leurs accomplissements restent minimes. L'équivalent contemporain de cet édifice ne serait peut-être pas aussi majestueux. Il revêtirait néanmoins une autre sorte de grandeur. Naturellement, on pourrait citer d'innombrables exemples de philanthropie. Voilà encore l'un des tourments des riches : ils devraient en principe être des bienfaiteurs de l'humanité ; or souvent, ils savent pertinemment qu'ils n'en sont pas capables.

Nous n'allons pas pour autant nous apitoyer sur leur sort. Mon propos est ici de vous inciter à cultiver quelque chose qui était cher à Jane Austen : la dignité.

La scène la plus célèbre d'*Orgueil et Préjugés* est sans doute celle où Elizabeth Bennet décline la première demande en mariage de Mr Darcy. Pour justifier son refus, elle énumère tout ce qu'elle a à lui reprocher : il est vaniteux, égoïste ; il se figure pouvoir obtenir tout ce qu'il veut ; il méprise sa famille (pourtant attachante) ; et il s'imagine lui accorder une immense faveur en faisant fi de leur différence de classe sociale. Très dignement, elle ne l'éconduit pas au seul motif qu'il est riche, mais parce qu'elle a conscience de ses travers.

II. LES VERTUS DE LA PAUVRETÉ

Certains parviennent à s'épanouir sans argent ; ceux-là nous offrent un précieux enseignement. Bien que nous en ayons terriblement peur, la pauvreté peut avoir du bon. C'est pourquoi, sans ignorer les maux qu'elle engendre, nous devons nous efforcer, individuellement et collectivement, de la regarder sous un jour moins sombre, afin de dompter les angoisses qu'elle nous cause.

En quoi la pauvreté peut-elle être positive, et quelles leçons en tirer, sans nécessairement en faire soi-même l'expérience ? Aussi bizarre que cela puisse paraître, on révérait autrefois la pauvreté – non la faim, ni l'humiliation ou l'insécurité dont elle est responsable, mais l'indifférence aux biens matériels et le refus de la propriété privée. Saint François d'Assise, par exemple, pensait que la pauvreté volontaire était un grand mérite. « *Saint François exécrait l'argent au-delà de tout* », écrit l'auteur anonyme du *Miroir de la perfection*, une biographie du saint rédigée au début du XIVe siècle, dans laquelle est relaté un épisode emblématique de sa vie. Un jour, un pèlerin laissa une pièce d'or en offrande sur l'autel de l'église où saint François officiait. L'un des moines jeta la pièce par la fenêtre. Mais pour saint François, cela ne suffisait pas. « *Il lui ordonna de prendre la pièce entre ses dents et de la déposer sur un crottin d'âne. Et tous ceux qui étaient présents furent saisis d'une grande crainte et, de ce jour, méprisèrent l'argent plus encore que le crottin d'âne.* »

Cette attitude de haine profonde vis-à-vis de l'argent s'inscrit dans une conception globale de la vie. Les biens matériels et le prestige sont non seulement considérés comme insignifiants, mais encore comme terriblement dangereux : ils corrompent l'âme.

Quels bienfaits, dès lors, l'ascétisme peut-il procurer ?

1. Il libère de l'obsession et des préoccupations liées à l'acquisition et la dépense. Encore faut-il avoir d'autres valeurs. Saint François aimait la pauvreté parce qu'il aimait autre chose : la nature et la simplicité. Il voulait vouer son esprit tout entier à se fondre dans l'ordre naturel, qu'il considérait comme l'œuvre de Dieu. Un rayon de soleil, un oiseau, une fleur représentaient à ses yeux les modèles de l'être idéal. Nul besoin, donc, quand on est épris de ces choses-là, de posséder quoi que ce soit.

2. Il affine la perception : en se tenant à distance du bruit et de l'agitation, on est en mesure de voir les choses et les gens tels qu'ils sont vraiment. On trouve à ce propos d'amusantes considérations dans l'un des premiers poèmes de Samuel Johnson, « Londres », écrit alors qu'il vivait dans une grande indigence : il observe que *parce que* les hommes aiment inhaler la fumée, il y a des usines où l'on transforme l'argile en tuyaux (en pipes) et des champs où l'on cultive des mauvaises herbes (du tabac) ; et parce que certains se plaisent avec des objets brillants accrochés à la tête (il parle des boucles d'oreilles), d'autres passent leur vie à creuser le sol à la recherche de cailloux reflétant la lumière (les diamants), tandis que d'autres encore échangent ces cailloux contre des bouts de métal (l'or). Il relève l'étrangeté des activités humaines. Et c'est à cette perception du monde, forgée dans le dénuement, que Johnson doit d'avoir été un remarquable penseur.

3. Il favorise l'indépendance : le détachement des biens matériels traduit la probité d'esprit. Les Romains affectionnaient la légende de Cincinnatus qui, bien qu'il fût un grand soldat, vivait en toute simplicité, labourant lui-même ses

champs et se nourrissant de pain sec. En temps de guerre, il fut temporairement nommé dictateur. Ayant vaincu l'ennemi, il aurait pu prétendre à de grandes richesses. Il préféra toutefois retourner à son existence frugale. Les Romains le considéraient comme un modèle de droiture, car en dépit de tout ce qu'on se proposait de lui offrir, rien ne parvenait à le détourner de la voie qu'il estimait être celle du bien. Il était incorruptible. On pouvait donc lui confier le pouvoir absolu.

Que retenir de ces exemples ? Le seul fait d'être pauvre, bien entendu, ne garantit en rien d'en tirer ces bénéfices. Ils ne découlent pas automatiquement de l'absence d'argent, mais dépendent d'une attitude volontaire, du renoncement délibéré à ce que désirent la plupart de nos semblables. Ne peut en jouir que celui qui n'a pas peur du manque d'argent et possède autre chose : la sécurité intérieure. Cincinnatus n'avait que faire des récompenses censées couronner ses exploits, parce qu'il avait d'autres valeurs. Il possédait, pour ainsi dire, une richesse intérieure, à laquelle la richesse extérieure ne pouvait se mesurer. Ce qui est rarement le cas, naturellement, lorsqu'on est pauvre. Samuel Johnson et saint François étaient comme lui. Leurs ressources intérieures leur permettaient de s'accommoder du dénuement ; l'argent n'affectait pas leur dignité.

Ces trois hommes ont fait le choix d'une existence frugale – ils auraient pu vivre dans un plus grand confort. Peu d'entre nous ont ce choix. Ils ont connu l'expérience physique de la pauvreté, mais une expérience mentale d'une grande richesse.

Je ne dis pas ici qu'il est bien d'être pauvre. Ces personnages étaient des êtres exceptionnels, qui ont pu se détacher de l'argent parce qu'ils se dévouaient à autre chose.

Personnellement, j'aimerais leur ressembler *un peu*. En tout cas, ils nous fournissent une intéressante piste de réflexion, au cœur même de tous les aspects de la relation à l'argent évoqués dans cet ouvrage.

III. LA RELATION INTIME À L'ARGENT

Comme je l'ai signalé en introduction de cet ouvrage, il ne faut pas confondre *problèmes* et *soucis* financiers. Les soucis relèvent de l'imaginaire et de l'affectif. Ils sont liés à l'image que nous avons de nous-même par rapport aux autres, à l'envie (souvent nocive mais parfois bénéfique), à la notion de besoin, à ce à quoi nous attachons de l'importance et pourquoi, à la manière dont nous appréhendons le long terme et le court terme.

Réfléchir aux revers de la richesse et aux vertus (idéales) de la pauvreté permet de cerner un aspect crucial des rapports à l'argent.

La qualité d'une relation dépend de ce que l'on y apporte et de ce que l'autre partie (en l'occurrence l'argent) y apporte. Il est possible d'être en excellents termes avec une situation en apparence peu prometteuse (la pauvreté), à condition de la contrebalancer par assez de ressources positives. En revanche, si votre contribution est faible, peu importe le potentiel offert en face (par la richesse), vous n'en retirerez rien de bon.

La qualité d'une relation ne tient pas seulement à son intensité. *Le Père Goriot*, de Balzac, comporte la fabuleuse description d'un vieillard devant son petit tas d'or, dans son grenier. Il caresse les pièces, les contemple avec émoi. La scène est presque érotique. Mais cette relation-là est terrible. Le vieil homme ne développe qu'une part infime de lui-même, son amour des biens matériels. Cet amour le consume tout entier, et ne lui laisse presque rien à investir dans la relation pour que celle-ci soit fructueuse : connaissance de soi, sagesse, générosité, bonté, élan vital et désir d'expériences nouvelles.

Revenons à Cincinnatus, qui aurait pu avoir toutes les richesses de Rome mais préférait cultiver ses champs. Non par esprit de sacrifice, ni dans l'attente de quelconques éloges, mais parce que cette activité le comblait. Si nous n'avons pas toujours le choix comme lui, il est possible de trouver du plaisir dans les choses simples, dès lors que nous cessons de les regarder avec condescendance. Cincinnatus mettait le meilleur de lui-même dans la culture de ses terres.

Les *problèmes* pécuniaires sont purement matériels – et non relationnels. Si je suis endetté jusqu'au cou et que je n'ai pas d'argent, alors je suis en effet dans l'embarras ; et peu importe que j'aie une conception mature de la vie, une imagination fertile ou le sens de l'esthétique. Ces qualités ne me seront d'aucun secours. Il faut que je me procure de l'argent ou que je révise mes priorités, sans quoi je ne m'en sortirai pas.

Nos *soucis* financiers, au contraire, découlent en grande partie de notre relation à l'argent, d'un état d'esprit. La solution pour y remédier – pour moins se préoccuper de l'argent –, est d'améliorer ce que nous apportons dans la relation, en tant qu'individu. C'est notre propre contribution qui demande à être remise en cause. Nous devons nous montrer plus imaginatif, plus patient, plus attentif aux leçons de notre vécu, plus sérieux quant à ce qui nous tient à cœur, plus réfléchi, plus indépendant dans nos jugements. Et, avant tout, nous devons déterminer quels sont nos véritables besoins.

Je suis conscient que cela peut à première vue paraître étrange. Sans doute pensez-vous qu'on ne peut se détacher de

L'idéal de l'être civilisé : élégance et dévouement au travail.
Johann Joseph Schmeller, *Goethe dictant à son commis John*, 1834.

l'argent que si l'on en a beaucoup, ou que si l'on est capable de se contenter de peu. Certes, mais pas seulement. Notre relation à l'argent n'est qu'en partie conditionnée par l'argent, et se fonde pour l'essentiel sur bien d'autres choses. Pour l'améliorer, nous devons donc apprendre à mieux nous connaître, procéder à une introspection, nous interroger sur ce que l'argent représente à nos yeux.

Goethe représente pour moi l'attitude idéale à adopter vis-à-vis de l'argent. D'après ses nombreux écrits autobiographiques, on sait qu'il était déterminé à être bien payé pour son travail. Il était issu d'un milieu aisé mais aspirait à l'indépendance. D'abord avocat, il devint conseiller du gouvernement, afin de gagner davantage. (Ce qui à l'époque faisait sens ; aujourd'hui, le parcours serait sans doute inverse.) Il connut des coups durs. Son premier roman, bien que couronné par un énorme succès populaire, ne lui rapporta presque rien, faute de protection juridique du droit d'auteur. Par la suite, il négocia de meilleurs contrats. Goethe était très compétent dans le domaine financier et consignait méticuleusement ses recettes et ses dépenses. Il aimait ce que l'argent peut acheter – par exemple cet élégant manteau d'intérieur qu'on lui voit sur la peinture de Schmeller (son bureau n'était pas chauffé). Néanmoins, l'argent et les préoccupations matérielles ne dominaient pas sa vie intérieure. Dans ses textes, il parle avec une étonnante sensibilité d'amour et de beauté. Il était très réaliste et très pragmatique quant à l'argent, ce qui ne l'empêchait pas de méditer sur de plus vastes et plus nobles notions de l'existence.

Goethe est un modèle en cela qu'il entretenait avec l'argent une relation très saine. Il était parvenu à un juste équilibre : il appréciait d'avoir de l'argent mais ses principaux centres d'intérêt étaient ailleurs.

Certes, la distance historique, géographique et idéologique qui le sépare de nous lui confère une sorte d'aura héroïque. Ce à quoi on doit tendre n'en apparaît toutefois que plus clairement.

LECTURES COMPLÉMENTAIRES

Ma réflexion sur l'argent est nourrie de diverses lectures, dont certaines paraîtront à première vue un peu surprenantes. Je vous recommande vivement chacun des livres mentionnés ci-après, et pas seulement pour leurs considérations sur l'argent.

I. Introduction

Ma définition des soucis – par opposition aux problèmes – m'a été inspirée par une causerie radiophonique d'Adam Phillips, notamment par son analyse très pertinente du processus de l'inquiétude, illustrée par l'exemple du chien « tracassant » un os.

II. L'argent dans nos pensées

1. À quoi correspondent vraiment les soucis d'argent ?

La tradition philosophique occidentale commence avec Socrate incitant ses concitoyens à s'interroger sur des notions tenues pour acquises. À propos de valeurs telles que le courage, il pose la question : mais qu'entend-on exactement par « courage » ? *La République* de Platon, notamment le dialogue consacré à la question « Qu'est-ce que la justice ? », offre une bonne approche de la méthode socratique. Socrate est le père de l'idée selon laquelle la pensée ne peut évoluer qu'en s'astreignant à se poser les bonnes questions.

2. Un rapport sain à l'argent

Mon approche générale des relations est influencée par la théorie de la relation de Donald Winnicott. Selon lui, nos rapports aux idées et aux objets (dont l'argent) sont comparables aux rapports que nous entretenons avec nos semblables. On peut ainsi parler d'un enfant « ami » avec les maths et attribuer au professeur de mathématiques (dans l'idéal) le rôle d'artisan de cette amitié. *Jeu et Réalité* constitue une bonne introduction à l'œuvre de Winnicott.

III. Le sens caché de l'argent

1. Quand l'argent n'est pas que de l'argent

La Dynastie des Forsyte, de John Galsworthy, merveilleusement adapté pour la télévision en 1967, traite avec finesse de la représentation de l'argent dans l'esprit de chacun. Pour le personnage principal, Soames Forsyte, l'argent est quelque chose de bon et de désirable. Il refuse de voir que son mariage bat de l'aile car, à ses yeux, il est inconcevable que sa femme puisse être malheureuse avec lui, qui gagne tant d'argent. Non pas qu'il pense qu'elle soit vénale. Il sait qu'elle a besoin d'amour. Seulement, il croit lui donner de l'amour en lui donnant de l'argent. Dans son imagination, amour et argent se confondent.

Dickens aborde également ce sujet avec habileté. Dans *La Maison d'Âpre-Vent*, l'argent est assimilé à la justice et dans *La Petite Dorrit*, à la dignité – avec, dans les deux cas, des conséquences fâcheuses.

2. Mise à nu

Le processus d'analyse de nos attitudes inconscientes vis-à-vis de l'argent est plus ou moins inspiré des méthodes de Freud, qui pensait que nous associions inconsciemment des choses en réalité sans lien – d'où des comportements inadaptés. Si vous n'avez jamais rien lu de Freud, je vous recommande son *Abrégé de psychanalyse.*

3. Qu'est-ce que l'argent ?

On trouve une discussion très abordable sur la définition de l'argent dans le premier chapitre de *L'Irrésistible ascension de l'argent,* de Niall Ferguson.

IV. Argent et qualité de vie

1. L'argent, un ingrédient

Les idées d'Aristote sont très bien expliquées dans *The Political Thought of Plato and Aristotle,* de Sir Ernest Barker, ouvrage paru en 1906. Selon Aristote, l'argent n'est qu'une ressource (comparable à un matériau de construction), dont on peut faire bon ou mauvais usage. L'argent en soi ne nous dit pas comment il doit être employé – pas plus qu'un tas de briques ne montre comment bâtir une belle maison.

Dickens encore, interprète avec brio la théorie de « l'argent ingrédient ». Certains de ses personnages les plus admirables, comme Mr Brownlow dans *Oliver Twist,* sont aussi fortunés que certains des plus odieux, comme Mr Gradgrind dans *Les Temps difficiles.* Ce n'est pas l'argent en soi qui fait la différence.

2. Le mariage selon Jane Austen

Raison et Sentiments est une merveilleuse histoire d'amour, bien sûr, mais aussi une réflexion sur la prudence financière et la prodigalité. L'argent est en fait un thème cher à Jane Austen, que l'on retrouve dans tous ses romans. D'une part, l'héroïne ou le héros est amené à prendre conscience que tout mariage heureux se fonde sur une certaine sécurité matérielle. Dans *Persuasion*, par exemple, le capitaine Wentworth doit d'abord faire fortune à la guerre avant de pouvoir épouser Anne, son grand amour, qui a repoussé sa première demande en mariage. D'autre part, la romancière aime à dépeindre des existences ratées malgré une grande fortune, telle celle des Crawford dans *Mansfield Park*.

3. S'éduquer par l'envie

La thèse classique de l'éducation par l'envie est exposée dans le dernier chapitre des *Consolations de la philosophie*, d'Alain de Botton.

V. Hiérarchisation des besoins

1. Besoin *versus* envie

Maslow schématise la hiérarchisation des besoins dans un article de 1943, intitulé « La théorie de la motivation ».

2. De combien d'argent ai-je besoin ?

On trouve une analyse pleine d'esprit de ce dont un couple a besoin pour vivre, dans la série télé *The Good Life*, dont les premiers épisodes ont été diffusés en 1975.

3. Prix *versus* valeur

L'essai d'économie politique du critique d'art John Ruskin, étrangement intitulé *Munera Pulveris* (1872), s'ouvre sur une passionnante réflexion sur le lien entre prix et valeur. Bien que daté, cet ouvrage demeure le manifeste le plus clair et le plus ambitieux sur la nécessité d'une économie basée sur la notion de valeur. Ruskin définit l'argent comme *la possession potentielle de bonnes choses.* La possession réelle de choses authentiquement bonnes constitue quant à elle la richesse. Malheureusement, l'argent permet aussi de posséder des choses nuisibles, sources de mal-être. Il affirme que le prix d'un produit devrait être déterminé en fonction des efforts physiques et intellectuels requis pour le fabriquer, et non pas en fonction de la demande.

4. Désir et crainte

Je recommande la lecture des *Géorgiques*, de Virgile.

VI. Comment se faire de l'argent et être en même temps une bonne personne ?

1. Avoir et faire

J'ai été fortement influencé par ce que dit Alain de Botton du capitalisme dans *Splendeurs et misères du travail* : le capitalisme ne répond pas à nos besoins supérieurs, alors qu'il le pourrait et le devrait. Ailleurs, dans le dernier chapitre de *L'Architecture du bonheur*, le même auteur analyse la relation imparfaite entre argent, goût et beauté.

Comment vendre son âme ? Vous le saurez en lisant *Illusions perdues* de Balzac (soyez patient, la seconde partie du roman est beaucoup plus palpitante que la première), et sa suite : *Splendeurs et misères des courtisanes.*

2. Ce que Rex n'a pas compris et autres leçons

La scène du restaurant de *Retour à Brideshead* est admirablement interprétée dans l'adaptation télévisuelle du roman réalisée en 1981.

Pour plus d'informations sur le Landmark Trust, voir le site www.landmarktrust.org.uk

VII. Ma place dans le tableau d'ensemble

1. Les revers de la richesse

The Rise of the Nouveaux Riches, de l'historien de l'architecture Joseph Mordaunt-Crook, est une fascinante étude des liens entre richesse et statut dans la Grande-Bretagne de la seconde moitié du XIXe siècle – depuis le refus de la vieille élite aristocratique de se mêler socialement aux nouveaux riches jusqu'à leur absorption progressive dans l'ordre établi.

Les devoirs incombant aux riches sont évoqués dans *Sybil ou les Deux Nations* (1845), un roman de Benjamin Disraeli très accessible. Par « les deux nations », Disraeli entend les riches et les pauvres. Il ne prône pas l'égalité ; il pense que les riches doivent justifier leurs avantages matériels en tirant moralement vers le haut la société tout entière, et il les condamne sévèrement lorsqu'ils manquent à ce noble devoir. *Sybil* est la plus grande œuvre littéraire jamais écrite par un Premier Ministre britannique.

Dans *Sauver une vie, agir maintenant pour éradiquer la pauvreté,* Peter Singer nous enjoint à assumer notre responsabilité morale envers les plus démunis. Incisif, il cherche à éveiller la culpabilité des nantis.

2. Les vertus de la pauvreté

Le Miroir de la perfection, biographie de Saint François d'Assise rédigée au XIVe siècle, permet une plongée au cœur de la pauvreté volontaire, présentée comme l'état idéal de l'humanité.

3. La relation intime à l'argent

Dans *Le Père Goriot,* Balzac décrit la jubilation d'un avare contemplant ses richesses.

Dans le meilleur de ses romans, *Les Années d'apprentissage de Wilhelm Meister,* Goethe suit l'évolution de l'attitude de Wilhelm vis-à-vis de l'argent. Ce personnage qui d'abord méprise le commerce, en vient progressivement à nourrir un respect très sain à l'égard de l'argent qu'il considère comme un ingrédient nécessaire à l'accomplissement du bien collectif. Il finit par rejoindre un puissant groupe de réformateurs sociaux qui souhaitent changer le monde par une meilleure gestion des activités commerciales. Bien que l'œuvre date de la fin du XVIIIe siècle, elle est encore d'actualité.

Dans la sixième partie de mon livre *Love, Life, Goethe,* je développe ma réflexion sur ces idées.

CRÉDITS DES ILLUSTRATIONS

L'auteur et l'éditeur tiennent à remercier tous ceux qui les ont autorisés à reproduire les images figurant dans cet ouvrage.

Pages 23, 29, 92 et 111 : Photos Julian Scheffer

Page 28 : *Lever de Lune sur la Mer,* Caspar David Friedrich (1774 – 1840) © Nationalgalerie, Berlin/The Bridgeman Art Library

Page 79 : Well Walk © Roberto Herrett/Alamy

Pages 106-107 : *Intérieur à Amaliegade avec les frères de l'artiste,* c. 1830, Wilhelm Ferdinand Bendz (1804 – 1832) © Den Hirschsprungske Samling/akg-images

Page 129 : Brocante © Wildscape/Alamy

Page 133 : Royal Crescent © David Lyons/Alamy

Pages 146-147 : La salle à manger bleue et argent au 5 Belgrave Square, à Londres, aménagée par Stéphane Boudin. Photographie © A.E. Henson/Country Life Picture Library

Pages 148-149 : Mentmore Towers © Robert Stainforth/Alamy

Page 151 : Radcliffe Camera © naglestock.com/Alamy

Page 159 : *Goethe dictant à son commis,* 1834, Johann Joseph Schmeller (1796 – 1841) © Stiftung Weimarer Klassik/akg-images

Illustrations et schémas des pages 21, 58, 65, 68 et 124 © Joana Niemeyer 2011

Toutes les autres images ont été gracieusement fournies par l'auteur.

TABLE DES MATIÈRES

....

....

....

....

....

....

....

....

....

....

....

....

....

....

....

....

....

....

....